Georg Magirius  **Dies soll euch ein Zeichen sein**

Georg Magirius

# Dies soll euch ein Zeichen sein

## Einstimmung auf Weihnachten

**HERDER**

FREIBURG · BASEL · WIEN

© Verlag Herder GmbH, Freiburg im Breisgau 2014
Alle Rechte vorbehalten
www.herder.de

Umschlaggestaltung: excogito. Freiburg im Breisgau
Umschlagmotiv: © ImageZoo Illustration / Veer
Satz und Illustrationen: Ulrike Vetter, Leipzig
Herstellung: CPI books GmbH, Leck

Printed in Germany
ISBN 978-3-451-31261-8

# Inhaltsverzeichnis

# Die *Weihnachtsgeschichte* nach Lukas

Es begab sich aber zur der Zeit, dass ein Gebot von dem Kaiser Augustus ausging, dass alle Welt geschätzt würde. Und diese Schätzung war die allererste und geschah zur Zeit, da Quirinius Statthalter in Syrien war. Und jedermann ging, dass er sich schätzen ließe, ein jeder in seine Stadt.

Da machte sich auf auch Josef aus Galiläa, aus der Stadt Nazareth, in das jüdische Land zur Stadt Davids, die da heißt Bethlehem, weil er aus dem Hause und Geschlechte Davids war, damit er sich schätzen ließe mit Maria, seinem vertrauten Weibe; die war schwanger. Und als sie dort waren, kam die Zeit, dass sie gebären sollte. Und sie gebar ihren ersten Sohn und wickelte ihn in Windeln und legte ihn in eine Krippe; denn sie hatten sonst keinen Raum in der Herberge.

Und es waren Hirten in derselben Gegend auf dem Felde bei den Hürden, die hüteten des Nachts ihre Herde. Und der Engel des Herrn trat zu ihnen, und die Klarheit des Herrn leuchtete um sie; und sie fürchteten sich sehr.

Und der Engel sprach zu ihnen: Fürchtet euch nicht! Siehe ich verkündige euch große Freude, die allem Volk widerfahren wird; denn euch ist heute der Heiland geboren, welcher ist Christus der Herr, in der Stadt Davids. Und das habt zum Zeichen: Ihr werdet finden das Kind in Windeln gewickelt und in einer Krippe liegen. Und alsbald war da bei dem Engel die Menge der himmlischen Heerscharen, die lobten Gott und sprachen: Ehre sei Gott in der Höhe und Friede auf Erden bei den Menschen seines Wohlgefallens.

Und als die Engel von ihnen in den Himmel fuhren, sprachen die Hirten untereinander: Lasst uns nun gehen nach Bethlehem und die Geschichte sehen, die da geschehen ist, die uns der Herr kundgetan hat. Und sie kamen eilend und fanden beide, Maria und Josef, dazu das Kind in einer Krippe liegen. Als sie es aber gesehen hatten, breiteten sie das Wort aus, das zu ihnen von diesem Kinde gesagt war. Und alle, vor die es kam, wunderten sich über das, was die Hirten gesagt hatten. Maria aber behielt alle diese Worte und bewegte sie in ihrem Herzen. Und die Hirten kehrten wieder um, priesen und lobten Gott für alles, was sie gehört und gesehen hatten, wie denn zu ihnen gesagt war. Lukas 2,1–20

# Von der Macht der großen Wünsche
## Vorwort

Heiligabend. Eine ungeheuer schöne Erwartung ist zu spüren. Worauf wird gewartet? Einer der entscheidenden Augenblicke ist der Moment, in dem die ersten Worte der uralten Weihnachtsgeschichte nach Lukas zu hören sind: »Es begab sich aber zu der Zeit ...« Kinder bekommen große Augen. Und auch Erwachsene schauen kindlich, wie verzaubert. Viele lächeln verträumt.

In dieser Geschichte kommen Wünsche und Gefühle zur Sprache, die tief berühren: Sehnsucht, Enttäuschung, Dunkelheit, wundersame Versprechen und ein großes Träumen. Und im Zentrum steht die Hoffnung, dass es mit dem Leben nicht zu Ende ist, sondern Neues anbricht. Deshalb ruft der Engel: »Dies soll euch ein Zeichen sein.«

Der Zauber der Geschichte wirkt, wenn keines ihrer Worte geändert wird. Sonst verlöre sie an Kraft. Obwohl exakt gleich gesprochen, nutzt sie sich nicht ab. Im Gegenteil! Von Jahr zu Jahr wird sie mir geheimnisvoller. Die Sätze klingen vertraut und doch auch wieder seltsam neu. Oft überraschen sie mehr als die Auslegungen und andächtigen Worte, die im

Anschluss an die Geschichte zu hören sind. Ihnen gelingt es nicht immer, die träumerische Ahnung auf den Gesichtern zu bewahren. Von Gott und Mensch ist dann die Rede. Und von Gott als Mensch, vom süßen Kind und auch vom Stall. Außerdem sei da die Lage der Welt. Viele Länder werden aufgezählt und man wünscht, dass dort endlich Friede werde. Trotzdem, heißt es, sei irgendwie schon Friede. Wie genau? Eben irgendwie – im knisternden Stroh der Krippe, das zwischen Esel und Maria zu finden sei.

Und ich, der ich eben noch verzaubert einer alten Geschichte lauschte, vermisse den Sprung in mein alltägliches Leben. Also springe ich jetzt selbst. Schritt für Schritt gehe ich an der Geschichte entlang, um sie für die Gewöhnlichkeit des Alltags aufzublättern. Genau höre ich auf das alte Wortgefüge, bis sich Bilder und Erklärungen finden, die die Urkraft von Weihnachten heute spüren lassen. So nähere ich mich dem Geheimnis der Heiligen Nacht an. Und die Gegenwart wird zur Bühne, auf der die alte Geschichte ihre Kraft ausspielt.

# Sehnsucht nach Freiheit
## Befehl des Kaisers Augustus

Eine Reise beginnt. Wohin? In eine Welt, in der das Wünschen hilft. Die ersten Worte der Geschichte können in Kindheitstage versetzen, als einem alles möglich erschien.

Es begab sich aber zu der Zeit, dass ein Gebot von dem Kaiser Augustus ausging, dass alle Welt geschätzt würde. Und diese Schätzung war die allererste und geschah zur Zeit, da Quirinius Statthalter in Syrien war. Und jedermann ging, dass er sich schätzen ließe, ein jeder in seine Stadt. Lukas 2,1–3

Die Erzählung glaubt also an die Kraft der Kindlichkeit, ist allerdings nicht kindisch. Denn der Realität schaut sie ins Auge. Geschildert wird, dass Kaiser Augustus nicht weniger als die gesamte Erde schätzen lassen will. Die Welt soll *eingetragen* werden, heißt es im Wortlaut der Geschichte, in dem sie ursprünglich erklungen ist. Das geschieht auf Befehl, per *Dogma*, heißt es auf Griechisch. Und dieses Dogma besagt: Alle Welt soll in Steuerlisten eingeschrieben werden. Das Wort *Dogma* taucht zu Beginn der Geschichte gleich mehrfach auf, was sich als Signal verstehen lässt: Es geht nicht nur ums Eintreiben von Steuern. Augustus ordnet vielmehr an, dass am besten alles eingeschrieben, beziffert und kalkulierbar werde. Die kaiserliche Strategie: Die Welt soll überschaubar und beherrschbar werden. Aber was wird aus dem Geheimnisvollen und Verwegenen, dem Wunsch nach Freiheit, frischer Luft und Überraschung? All das soll beseitigt werden. Und tatsächlich: Das Dogma wirkt. Denn alle machen mit. Jedermann, heißt es, begibt sich in seine Stadt, geht also auf einem Weg, der vorgegeben wird. Manchmal habe ich den Eindruck: Auch an anderen Flecken, nicht nur in Syrien, sind Statthalter eingesetzt, die dafür sorgen, dass alle ins Buch der guten Ordnung eingeschrieben werden. Dann wird das Buch zugeklappt. Eng ist es in den Listen, da ist kein Platz mehr für Änderungen und die Aussicht auf ein neues Leben. Denn die Produktion von Tipp-Ex und Tintenkillern ist eingestellt.

Kaiser Augustus ist längst tot, das römische Weltreich zerstoben. Herrscher indessen, die Ordnung schaffen wollen, gibt es nach wie vor – nicht nur in Diktaturen. Ein Dogma der Gegenwart, ein allgegenwärtiger Befehl, ist etwa *die gute Meinung*. Auch sie befiehlt: Alles soll seine Ordnung haben und jeder hat zu folgen. Sich nach der guten Meinung zu richten, ist nicht ganz unattraktiv, zumal diese Form des kaiserlichen Dogmas gewaltlos auftritt. Dank der angesagten Meinung wird das Leben überschaubar. So lässt es sich passabel leben. Wenn ich Folge leiste, werde ich mich in dem, was gilt, schon einzurichten wissen. Und ich fühle Sicherheit. Schließlich macht es häufig Angst, wenn sich etwas ändert. Andererseits: Wirklich lebendig fühle ich mich dabei nicht. Und es ist auch nicht so, als ob diese Form des Dogmas nicht auch ein Schreckenspotenzial in sich bergen würde. Nur wirkt es fast unmerklich. Vordergründig nämlich herrscht Freundlichkeit. Wenn sich bei einem Menschen Besonderheiten rühren, wird gelächelt. Oder man schüttelt mitfühlend den Kopf. Dann werden Kissen ausgelegt, um diese unverwechselbaren, vielleicht ein wenig störrischen Eigenheiten zu kurieren. Die Polster sind gemütlich und sehr weich, sie machen müde. Wer sollte sich da noch regen und bewegen? Auf der Kissenfläche gebettet, beginne ich einzuschlummern. Die gute Meinung wünscht: »Alle sollen sehr sanft liegen.« Ich denke nicht mehr daran, aufzustehen oder gar zu gehen. Es dürfte auch kaum gelingen, in einem Meer von Kissen aufrecht zu gehen. Also wird man sich nun nicht mehr ändern. Stets werde ich der bleiben, den sich jene wünschen, die das Leben berechenbar halten wollen. Die Träume freilich, dass man noch einmal in eine unbekannte Gasse schauen könnte, sind in dem sanft gepolsterten Leben verschieden.

Das ist eine Art, wie Kaiser Augustus noch heute regieren kann: raffiniert und sanft. Einmal aber bin ich auf eine Ordnungsmacht gestoßen, die nicht feinsinnig operierte. Doch auch sie wollte mich eintragen als einen, der ich nicht bin und nicht sein wollte. Ich hatte keine Chance zur Flucht. Es klingt womöglich witzig, ist aber kein Witz. Auch ist es nicht ausgedacht, denn Dogmen können wirklich werden. Ich fuhr Fahrrad. Das ist eigentlich noch nichts Schlimmes. Es geschah spät in der Nacht – war das bereits verdächtig? Andererseits: In einer Stadt, die sich rühmt, metropolengleich wundersam hohe Häuser zu besitzen, dürfte Fahrrad fahren nach Mitternacht noch kein Anschlag auf die gute Meinung sein. Hinter einer Mauerecke sprang ein Polizist hervor: »Absteigen! Losloslos! Fahrrad auf den Boden.« Mein erster Gedanke – und diebisch freute ich mich, war geradezu euphorisch: Mein Rücklicht ist nicht kaputt! Ich gestehe, es hat im Lauf meines

Lebens schon das eine oder andere Fahrrad gegeben, dessen Rücklicht nicht in jeder Nacht funktionierte. Aber diesmal – ha! Es hatte gebrannt – ich wurde unsicher – oder etwa nicht? »Hände hoch!« Das mit den erhobenen Händen war längst nicht alles, was die Ordnungsperson forderte. Ich hatte mich auch an ein parkendes Auto zu stellen, die Füße breit, die Hände aufs Dach – was ich bereits aus Krimis kannte. »Heiße Spur!«, grunzte der Mann mit Waffe in sein Funkgerät, mit dem er eine Streife zu uns lockte. Das Fest im Freien, das ich besucht hatte, schien sich endgültig dem Ende zu nähern. Besucher spazierten vorbei, die mich interessiert musterten. »Aber ich bin doch gar nicht der, von dem Sie meinen, dass ich es sei!«, argumentierte ich dem Polizisten gegenüber. O ja, ich war durcheinander. »Wer soll ich sein?«, versuchte ich, die Situation einfacher zu fassen. Die sich dazugesellenden Kollegen von der Streife ähnelten zwei Fässern – so dick waren die Schusswesten, die sie unter ihren Hemden trugen. »Das wird sich schon noch zeigen«, wichen sie meiner Frage aus. Inzwischen waren Geldbeutel und Personalausweis in ihre Hände gewandert. Wem das Geld wirklich gehöre, werde sich schon noch zeigen, sagten die Statthalter der Ordnung. Ich hatte eine Suchanleitung abgeben müssen, damit sie meine Reichtümer aus der Tasche fischen konnten. Längst trug ich Handschellen. Das war mir von Fastnachtsspielen vertraut. Und es überraschte mich, wie sehr das kindliche Spiel von einst helfen kann, die Rolle eines Schwerverbrechers zu übernehmen. »Woher haben Sie das Fahrradschloss?« Ich konnte antworten – und es sogar öffnen. Und dann, dann sagte einer von den Westenträgern: »Vielleicht ist das hier ein Irrtum?« Ich hätte ihn umarmen wollen, aber auch das ging mit Handschellen nicht. Es war mein erster freier Atemzug seit fünf Minuten. Ich ahnte, dass ich vielleicht doch noch einmal der sein dürfte, der ich war – und nicht jemand, den ein Dogma, ein Gebot der Ordnung, aus mir machen wollte. Ich war Fahrradfahrer – und kein Bankräuber, Mörder, Terrorist. Auf der Wache wurde telefoniert: »Noch einmal zu Ihrem Anruf wegen des vorhin gestohlenen roten Fahrrads: Handelt es sich um ein Herrenrad?« Nein, nein, nein – natürlich nicht! Und ich war frei. Das gestohlene Gefährt muss ein Damenrad gewesen sein. So wurde ich nicht festgeschrieben in der Liste: Fahrraddieb.

Zurück zur Weihnachtserzählung, in der eine kaiserliche Macht die Menschen in Listen schreiben will. Sie möchte die Welt beherrschen. Die Taktik: Alles soll übersichtlich werden. Wehe, jemand fängt zu fragen an. Nein, da ist besser, das Fragen und Staunen zu unterdrücken und zu nicken: »Danke, ich bin froh. Ich werde der sein, der ich bin und werde mich nie ändern.« Wenn jemand seinen Listeneintrag verließe, hieße das, Arbeit für die Ordnungsmacht. Die Akten müssten ergänzt, am Ende vielleicht neu geschrieben werden. Der bürokratische Apparat wüchse – höhere Steuern drohten, was selbstverständlich niemand will. Nein, da ist man lieber still. Sich auffällig zu verhalten, ist außerdem nicht ungefährlich: »Am Ende wird das in der Personalakte vermerkt.« Manchmal befiehlt Kaiser Augustus heute gar nicht mehr, Menschen in Akten einzutragen, sondern ist mit dem Dokument gleichsam eins geworden. Das Stichwort »Personalakte« trägt Zepter und Krone, ist ungeheuer mächtig. Es gilt, sie ein Leben lang sauber zu halten. Wer will schon Ärger mit den Vorgesetzten bekommen und als jemand gelten, der nicht ganz sauber ist? Also: Besser keine Eigenheiten zeigen. Denn niemand weiß, ob die Firma das zu schätzen weiß.

Den Wunsch, unauffällig zu bleiben, kann man so gut wie überall antreffen. Eben dort, wo Menschen zusammenkommen, es Listen gibt, es um Lohn, Fortkommen und Regeln geht. So hat sich Kaiser Augustus auch in die Kirchen eingeschlichen. Man kann ihn dort erleben, wenn die Akten eine hohe Bedeutung erlangen. Die Ordnungsmacht war auch zugegen, als ein Mitarbeiter sich nach über dreißig Jahren verabschiedete. Es war ein Sonntag, der seinem Namen Ehre machte, es schien die Sonne. Gefeiert wurde ein großer Gottesdienst. Prächtige Lieder sind zu hören, die Kirche sieht festlich aus. Von draußen schleicht ein sommerlicher Grillgeruch ins Kircheninnere. Die Vorgesetzte rühmt die Verdienste des scheidenden Pfarrers und resümiert: »Die Personalakte ist sauber geblieben – bis auf einen Fall.« Und der wird dann vorgetragen. Das ist witzig gemeint, aber niemand scheint darüber lachen zu können. Den verabschiedeten Diener Gottes hatte das Gesetz der reinen Akte nicht geschreckt, mehr als einmal erfrischende Ideen und befreienden Unfug auszubreiten. Das wurde nicht notiert, nicht gepetzt – vermutlich, weil dann doch viele hoffen, dass nicht immer alles streng ordentlich zugehen soll. Sonst hieße das Fazit, und die Weihnachtsgeschichte wäre an dieser Stelle bereits zu Ende: »Es begab sich, dass ein Gebot ausging, alle Untertanen zu schätzen. Und ein jeder blieb in seiner Haut, niemand fuhr jemals noch aus ihr heraus.«

Und trotzdem: Einfach ist es nicht, sich in das Land der Freiheit vorzuwagen. So erlebe auch ich mich als einen Statthalter der Mächte, denen man den Namen Kaiser Augustes gibt. Es lässt sich in fast jeder Freundschaft beobachten, auch in Familien. Ich will selbstverständlich respektieren, wie jemand ist und dass er genau so ist, wie er eben ist. Aber wehe, die Partnerin ändert sich dann doch oder der Bruder schlägt mit einem Mal neue Töne an. Rasch klage ich das gewohnte Bild ein, beharre auf bekannten Farben. Denn sonst kommt das Vertraute ins Rutschen. Lebendig ist das Ungewohnte! Aber unbequem. Das Unbehagen über das nie ganz planbare Verhalten anderer – das ist vielleicht auch eine Art Personalakte, die man im Geist von seinen Liebsten führt. So versuchen viele, andere in unsichtbaren Fesseln zu halten, selbst wenn diese sich befreien wollen. Denn sie haben es womöglich satt, sich immer gleich zu kleiden. Das Leben möchten sie in neuen Farben sehen.

Wie schwer es sein kann, sich nicht nach der Gewohnheit zu richten, merke ich, wenn ich es selbst versuche. Da ist eine Idee, etwas, was nicht so ist, wie es schon immer war, sondern einmal anders. Ich bin euphorisch! Und dann? Die Stirn derer, die man begeistern will, legt sich in Falten. Und zu hören ist: »Sehr interessant. Nur passt es leider nicht in unser Konzept.« Wer den Beruf wechselt, kann viele Lieder vom Stirnrunzeln anderer singen. Längst weiß man, dass kaum noch jemand, egal, wo auf der Welt, ein Leben lang in einer beruflichen Tätigkeit bleibt. Dennoch gehört es bei vielen zum Ton der guten Meinung, dass es noch immer einen idealen Lebenslauf gibt. Ihn wollte ich nicht kopieren, sondern traute dem Original. Ich schrieb also meinen Lebenslauf, der keine

Linie war, sondern auch Kurven aufzubieten hat. Gerade deshalb, lautete meine Begründung, sei ich für den neuen Beruf geeignet. Ein Jahr lang hörte ich die immer gleiche Frage, wieso mein Leben nicht wie bei anderen verlaufen sei: Schnurgerade und so, dass es bequem auf eine Seite passt. »Sie haben doch längst einen Beruf!«, wurde festgestellt. Dann glättete sich die Stirn wieder, der Ton wurde munter: »Und in diesem Beruf können Sie ruhig bleiben.« Schließlich hatte ich das Alter erreicht, in dem man kaum mehr jemanden einen neuen beruflichen Anfang gönnt – dogmatisch betrachtet.

Denn Dogmatik gibt es nicht nur in der Kirche. Und Kaiser Augustus ist nur einer unter vielen, von denen der Befehl ausgeht, dass alle Menschen die gleichen Kleider tragen sollen. Nichts wird sich ändern – oder nur wenig, alles bleibt normal. Und gewonnen hat ...? »Zum ersten, zum zweiten, und – zum dritten und für alle Zeiten: Die Ordnung, die wir immer hatten.« Wer aber bei der Versteigerung auf ein anderes, vielleicht überraschenderes Leben setzt, trifft auf Widerstand. Es ist wie verhext, den Zuschlag erhält fast jedes Mal der *Kaiser Immergleich*. Jemand kocht das Essen nicht, wie es sonst stets schmeckt. Sofort fängt am Tisch das Jammern an. »Lieber so, wie es vorher war.« Es wird ein Sprecher gewählt – in einer Klasse oder einer anderen Gruppe. Wieder gewinnt, wer große Töne spuckt, egal ob dieser Sprecher ewig und am liebsten von sich selber spricht und niemals einen Punkt für seine äquatorlangen Sätze findet. Hauptsache: alles wie gehabt. Ich blicke auf die Kraftströme, die Stammtische, Vereine oder politisch engagierte Gruppen durchfließen. Jemand setzt sich dazu, wagt es Woche für Woche, einen

Stuhl am Tisch zu ergattern. Er spricht, sitzt dabei, gehört dazu – und doch ist da das Gefühl, am Nebentisch zu sitzen. Denn die Gruppe breitet ihr Dogma aus: »Hat der Neuling das richtige Profil?« Dann darf er sich bewähren, wird es letztlich aber nur schaffen, wenn die periodisch tagende Menschenansammlung so bleiben darf, wie sie vorher war.

Das kann der Luft gehörig Sauerstoff entziehen. Und die Lust an der Überraschung breitet sich woanders aus. Und trotzdem sollte man nicht jeden Gleichklang verdächtigen, das wäre banal. Ich glaube, die Sehnsucht nach Freiheit und Neuanfang kann so gut wie überall keimen. Schließlich erfrischt ausgerechnet die Weihnachtsgeschichte, obwohl sie doch seit Jahrhunderten die gleichen Sätze spricht. Ihre Worte sind streng gefügt, wirken aber nicht dogmatisch. Denn diese Geschichte urteilt nicht, sondern erzählt, ohne zu werten. Da wird von Licht und Dunkelheit erzählt, von Hoffnung, Einsamkeit, Aufbruch, einem fantastischen Himmelsklang – und der Sehnsucht nach Frieden. Das alles wirkt deshalb stark, weil es keine Kommentare gibt. War Maria glücklich? Dazu wird nichts gesagt. Auch wird nicht gefragt, ob Josef ängstlich ist. Nein, die Geschichte, auch wenn sie mit stets denselben Worten zur Aufführung kommt, setzt die Welt nicht fest – anders als Kaiser Augustus sich das erhofft. Man sollte also nicht jede Ordnungskraft verteufeln. So gibt es etwa auch den bedrückenden Anspruch, ständig alles neu zu machen. Dann soll sich niemals etwas wiederholen. Es gibt kaum Wiederkehr, keine Rituale, die doch erfrischend sein können, weil ich mich verlässlich an sie lehnen kann.

Braucht jeder Samstagabend eine noch ungewöhnlichere Feier? Muss jeder Urlaub ein neues Ziel haben? Und ist der

Sonntagsausflug nur dann erholsam, wenn man ihn als innovativ charakterisieren kann? Nein, wer zweimal die gleiche Pizza bestellt, isst noch lange nicht ohne Inspiration. So kann das Dogma der guten Meinung unter umgekehrten Vorzeichen auftreten: Es befiehlt, jede Gewohnheit zu fliehen. Dann ist angesagt, ständig aufzubrechen. Und die, die abends zu Hause bleiben, sind bald vergessen. Also schminken sich viele, obwohl sie vielleicht gern auch mal schlafen würden. Der Kaiser befiehlt: »Fliege in immer neue Länder!« Und wehe dem, der zum hundertsten Mal im Wald spazieren geht, der mit den Füßen zwei Straßen weiter zu erreichen ist – und dann behauptet, das auch noch zu genießen.

So machtvoll ist der Herrschaftsapparat des Kaisers Augustus: Er kann sich nahezu überall zeigen und den Wunsch nach neuem Leben hemmen. Das ist die schlechte Nachricht. Die gute Nachricht aber lautet: Auch die Sehnsucht ist in der Lage, sich so gut wie überall auszubreiten – selbst dort, wo man es am wenigsten erwartet. Überhaupt nicht dogmatisch, sondern höchst erstaunlich war es, als ich vor vielen Jahren das erste Mal Kontakt mit jener Behörde hatte, die gerade um Weihnachten und den Jahreswechsel durch viele Köpfe geistert. Mit der ersten, recht armselig ausgefüllten Steuererklärung meines Lebens spazierte ich zum Finanzamt, das ich bislang nur aus Gerüchten und Schauermärchen kannte. Als ich fragte, ob alles ordentlich sei, hieß es an der Pforte: »Sie können persönlich um Rat fragen.« Ich folgte dem Weg, den man mir wies, stieg die Treppe hinauf, aufgeregt und in der Hoffnung, keinen falschen Schritt zu tun. Stufe um Stufe, Schritt um Schritt schien sich das amtliche Dogma meiner zu bemächtigen. Mit diesem ersten Mal spekulierte ich, würde ich für alle Zeit in den Steuerlisten eingetragen werden. Im Geist sah ich den Beamten bereits vor mir, ein Henker war das, der sich aus dem Mittelalter in die Gegenwart gerettet hatte – in diesem Augenblick nur noch wenige gepresste Atemstöße von mir entfernt. Das Herz pochte, ich klopfte an die Tür.

Jeder Auskunft, die der Finanzbeamte dann erteilte, ließ er einen Kehrvers folgen: »Sofern sich das Steuergesetz nicht ändert.« Es war kurios. Die Macht, die er vertrat, schien er nicht ganz ernst zu nehmen. Meine Steuererklärung, den heiligen Text, den ich ehrfurchtsvoll ausgebreitet hatte, nahm er unter die Mine seines Kugelschreibers. Steuerfreibetrag und Werbungskosten, Fahrtkostenpauschale und Weiterbildungsgeld – den Statthaltern des Steuerdogmas leistete er Tribut, aber seltsamerweise nicht zu meinem Schaden. Manchmal strich er etwas durch, schrieb über die Spalte hinaus – wie soll ich sagen, ich traue mich kaum, es zu enthüllen: Gelassen durchbrach er eins der anerkanntesten Gesetze des Landes, nämlich: Ein Formular wird bitteschön präzise und ohne jeden Fehler ausgefüllt. Noch wichtiger: Nie über die vorgesehene Spalte schreiben! Wer weiß, vielleicht sind es gar nicht die Behörden, die die Macht des formalhaften Wesens zelebrieren, sondern die Stimme, die in mir flüstert: »Keinen Fehler machen! Jeder Buchstabe, falsch gesetzt, wird dich in den Abgrund führen.« Der Ordnungshüter wirkte auf mich wie ein Behüter. Und war mit der Erklärung bald an ein nicht unbedingt akkurates Ende angelangt. Gelegenheit

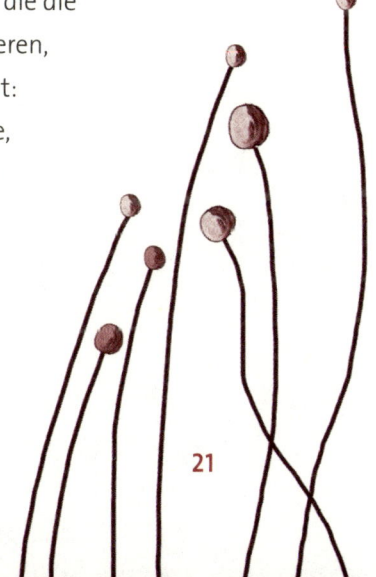

für ihn, mich auf meinen Beruf anzusprechen, den er aus dem Formular erspäht hatte: Zum Pfarrer wurde ich ausgebildet. »Gibt es dafür Ratgeber und Bücher?«, wollte er wissen. »Oder schreibt jeder seine Predigt wirklich selbst?« Das Wort *wirklich* betonte er so seltsam – als ob er etwas ahnte. Und tatsächlich: Er verdächtigte die Predigtwelt, eine Art Kaiser Augustus zu haben, eine gute Meinung, Ratgeber, fertige Ideen, vorformulierte Ansprachen oder Beispielgeschichten – angeboten für jeden Sonntag des Jahres. »Natürlich darf man etwas Neues, Persönliches und Eigenes wagen«, sagte ich. Und doch sei seine Vermutung nicht ganz falsch. Es komme vor, dass Prediger auf der Kanzel mitunter etwas formelartig sprächen. »Ich selbst habe in unterschiedlichen Gottesdiensten bei unterschiedlichen Predigern schon exakt dieselben Redepassagen entdeckt.« Der Beamte lächelte. Und ich verließ beschwingt die Schätzungsbehörde, die mich gar nicht hatte schätzen wollen. Ich war frei – dank eines Beamten, der vom Leben mehr erhoffte, als dass es zur Schablone werde.

# Die Kraft der alten Träume

## Josef und Maria in Bethlehem

> Da machte sich auf auch Josef aus Galiläa, aus der Stadt Nazareth, in das jüdische Land zur Stadt Davids, die da heißt Bethlehem, weil er aus dem Hause und Geschlechte Davids war, damit er sich schätzen ließe mit Maria, seinem vertrauten Weibe; die war schwanger. Lukas 2,4–5

Kaiser Augustus findet Widerstand. Untergründig widersetzt sich eine Kraft dem Kaiser, der die gesamte Welt ordnen und zum Stillstand bringen will. Merkwürdig daran: Die kaiserliche Macht setzt den Widerstand selbst in Gang, ohne dass sie es bemerken würde. Sie scheint sich ein Kuckucksei ins Nest zu legen. Denn das Dogma wird zum Ausgangspunkt dafür, dass das Dogma unterwandert wird. Zunächst aber läuft für Augustus alles nach Plan. Schließlich kehrt jeder in seine Heimat zurück, um registriert zu werden. Nicht einer scheint dem Meldewesen ausweichen und eigene Wege gehen zu können. Dem Befehl folgt auch Josef aus Galiläa, der weitab vom kaiserlichen Rom lebt.

Wie ein Film war die Weihnachtsgeschichte gestartet: Von weit oben hatte die Kamera geschaut, global war die Perspektive. Jetzt zoomt sie sich nah ans Geschehen heran. Nicht mehr von einem Weltreich ist die Rede, sondern von

Einzelnen, von Josef und Maria. Die Weihnachtsgeschichte will nicht distanziert erzählen. Keine allgemein-politischen Überlegungen sind ihr Ziel. Stattdessen widmet sie sich dem Alltag. Um scharf ins Bild gerückt zu werden, ist niemand zu unbedeutend. Denn Galiläa, aus dem heraus Josef und Maria aufbrechen, gilt als Provinz.

Josef aus Nazareth folgt der Macht, die sagt: Es gehört sich so. Wieso auch nicht? Alle machen mit. Da ist niemand, der protestiert, wird sich Josef gesagt haben. Doch obwohl er tut, was sich nun mal gehört, scheint ihm das nicht leicht zu fallen. Der Weg nämlich, den er zu gehen hat, ist kein Spaziergang. Josef geht *bergauf*, heißt es in der griechischen Ursprungsfassung. Schwer ist der Weg also nicht nur für die schwangere Maria, sondern auch für Josef. Aber warum? Vermutlich weil er in seine Vergangenheit wandert, nach Bethlehem. An die Stätten der Kindheits- oder Jugendjahre zurückzukehren, kann einen ganz zu sich führen. Nicht zufällig spricht man von kindlicher Geborgenheit. Eine Rückkehr an die Stätten der Kindheit kann aber auch unruhig machen. Denn man wird mit Erinnerungen konfrontiert, denen man eigentlich entronnen schien. Spürbar wird das bei Klassentreffen, die eine Reise in die Vergangenheit sind, in die alte Heimat. Überraschend erreichte die Einladung zum Klassentreffen eines Tages auch mich, den Schüler, der kein Schüler mehr war. »Es ist so weit!«, las ich. Blitzartig setzte der Brief Gefühle und Bilder ins Licht, die auf einem dämmrigen Speicher des Gedächtnisses gelandet waren. Ich sagte zu. Als ich den Weg bergauf in meine Vergangenheit wanderte, war ich nervös. »Was soll Schlimmes passieren?«, versuchte ich mich zu beruhigen. »Es handelt sich um keine

Prüfung, niemand will mir Böses.« Wieso aber war mir dann heiß trotz winterlicher Kälte, als ich auf das angegebene Lokal zusteuerte? Wahrscheinlich war es die Angst, in ein Leben zurückzufallen, das man längst verlassen hat. All die Schritte, die ich zwischen der Kindheit und dem Leben jetzt gesetzt hatte, waren schließlich nicht ohne Sinn gewesen. Denn der Mensch ist doch nicht zur Stagnation geboren.

Es war nun aber auch nicht so, wie die in mir rumorende Aufregung es sich zusammenfantasiert hatte: Nein, wir trafen uns nicht im Klassenraum. Wäre es so gewesen, hätte das Dogma des Kaisers Augustus Triumphe gefeiert: »Jeder setzt sich auf den Platz, auf dem er immer saß«, hätte es zur Begrüßung geheißen. Und klar wäre gewesen: Letztlich bleibt man immer der, der man schon im Anfang war. Aber auch wenn wir uns nicht im Klassenraum trafen, saß die Unsicherheit mit in unserer Runde, als der Wirt die ersten Getränke brachte. Die Plätze hatten wir wählen können, trotzdem schien es, als ob sich gleiche Eigenarten wie damals regten. Hatte die da nicht immer schon geplappert, ohne dass der Lehrer sie ermahnte? Und hat der da nicht jedes Mal recht haben wollen? Was damals gestört hatte, ärgerte mich bereits nach wenigen Minuten wieder.

Hatte sich überhaupt etwas geändert? Das Äußere natürlich, aber das war nicht viel. Denn was war mit all dem anderen, was seitdem geschehen war? All die Gedanken, Wagnisse, Aufbrüche und der Wunsch neu anzusetzen – alles das: umsonst? »Wäre ich doch in Nazareth geblieben«, hätte ich wie Josef murmeln können. Jetzt wurden Fotoalben am Tisch entlang geschoben. »Das bist du!« Ich hatte alte Kleider an und beim Betrachten des Fotos das Gefühl, ich bekomme sie nicht aus, kann das Album nicht weiterblättern in Richtung Gegenwart. Ich schien festgeknipst! Dazu hörte ich Anekdoten, die mich beschrieben, wie ich nicht mehr war – oder wenigstens hoffte, nicht mehr zu sein. War es Rache? Meine Erinnerung brodelte und sprudelte vergessen geglaubte Bilder nach oben. Ich fischte sie ab, um mit ihnen nun selbst die Tischgenossen Jahrzehnte zurück in ihre Kindermaske zu jagen. »O nein, nicht noch eine Geschichte!« Die einstigen Gefährten lächelten – nicht besonders sicher. Mit dem Handrücken strichen sie sich über die Stirn. Das war nicht gespielt, dort glänzte es feucht. Und mit einem Mal war alles anders: Am Tisch saßen gar keine Diener des Augustus, die zusammengekommen waren, um sich gegenseitig einzuzwängen. Denn jeder von uns war kaum anders als Josef den Weg zurückgegangen in seine Vergangenheit. Und wir gestanden uns, wie aufgeregt das Herz auf diesem Weg geschlagen hatte. Ich atmete auf.

Die Rückkehr in das Land der Kindheit setzte uns nicht fest. Es war sogar umgekehrt! Denn nun schien sich anderes zu regen, nicht bedrückende Erinnerungen, sondern wundersam aufbewahrte Träume, mit denen wir einst unsere Umgebung ausgemalt hatten. Das war nicht unähnlich dem Widerstand, der sich in der Weihnachtsgeschichte gegenüber Kaiser Augustus regt. Dieser will die Menschen zügeln und sie nicht mehr strampeln lassen. Aber kaum hörbar, unmerklich indirekt beginnt sich etwas zu wehren. Nach außen hin wird das Dogma des Augustus akzeptiert. Wie einst Josef reiste auch ich in die alte Heimat. Das war kein leichter Weg, weil ich befürchtete, die Vergangenheit würde lähmen. Und tatsächlich schien ich im Klassentreffen eingezwängt. Aber was die Diener des Augustus nicht beachtet haben: Die Heimkehr in die Kindheit ist auch ein Risiko für das Regierungsprogramm mit dem Titel »Unabänderlichkeit«. Ich zumindest wäre ohne die Rückkehr nicht auf diese wunderbare Kraft gestoßen, die ich verschüttet geglaubt hatte.

Josef trifft dank seines Wanderns in die Vergangenheit auf eine lange aufbewahrte Sehnsucht. Denn bei *Bethlehem* handelt es sich um die Stadt Davids, ein Traumlicht, unauslöschbar. Stadt Davids – das ist viel mehr als die bloße Charakterisierung eines Ortes. Der Name lässt auf ein Panorama der Hoffnung schauen, das in alten Texten überlebt hat. Es handelt es sich dabei um unter Juden kursierende Träume, die erzählen: Eines Tages nehmen Gefangenschaften ein Ende. Nicht klein und ängstlich, sondern voll Entdeckerlust werden dann die Menschen sein. Es wird geschehen, heißt es in diesen Texten, wenn ein Spross wächst, der aus dem Hause und Geschlechte Davids stammt. Diese Hoffnung kommt auch nicht von ungefähr, sondern hat einen Anhalt in der Geschichte Israels. Unter dem Königtum Davids erlebte das Land eine Blütezeit. Dieser Herrscher war kein Idealvertreter eines moralisch akzeptablen Lebens. Ehrgeizig war er, konnte geschickt agieren und auch intrigieren. Und doch löst sein Name große Hoffnung aus. Denn er hat keine Dogmen verkündet, sondern gilt als ein König, an dem sich Arme, Traurige und Überforderte klammern können. Unter sieben Brüdern war er der Benjamin, kam aus dem kleinsten Stamm Israels. Das war ohnehin ein Land, das von den umliegenden Großmächten wie ein Tischtennisball hin- und hergefeuert wurde. Der kleine David aber wurde König – ausgerechnet er! Oft war er auf der Flucht. Ihm werden viele

Psalmen zugeschrieben, poetische Gesänge, die von einem flirrenden Schmerz gezeichnet sind. Dieser Herrscher hat Verfolgung und Qualen erlebt. Deshalb flackert mit seinem Namen eine Hoffnung auf, die als wundervolle Melodie erklingt: Es wird einer aus dem Geschlecht Davids kommen, der Schmerzen kennt, zugleich aber den Schlüssel hat, sie ein für alle Mal zu stillen.

David ist ein Name, bis heute unvergessen, eine unausrottbare Hoffnung. Sie wagt es, sich der Macht zu widersetzen, die Menschen maßregeln will. David – so heißt der Mut, der gegen das Listenwesen des Kaisers Augustus rebelliert. Josefs Weg mit seiner Frau nach Bethlehem war beschwerlich. Augustus will sie registrieren lassen. Ohne die Rückkehr allerdings wäre er nicht auf die Macht jener alten Geschichten gestoßen, die eine befreiende Zukunft versprechen. Damit aber nicht genug: Josef wurde klar, dass er geradezu bestimmt war, zur Familie der Sehnsüchtigen zu gehören. Schließlich stammte er selbst aus dem Hause und Geschlechte Davids.

Und ich? Auf dem Klassentreffen schien ich immer weiter in die Rolle des Heimkehrers Josef zu schlüpfen. Wir bestellten uns bereits zum wiederholten Mal Getränke. Und nach und nach regte sich in mir die alte, träumerische Kraft des kleinen Jungen, der sich ein wunderbares Reich ersann. Der Name *David* war für mich dabei *der Grieche*, die Gastwirtschaft, in dem sich die Klasse wiedersah. Dieser Ort bewahrte eine Erwartung auf, die mich als Kind durchglühte. *Der Grieche* kochte genau in dem Gebäude, in dem sich auch die Sporthalle befand. In ihr hatte ich auf dem Parkett zu den ersten Sprüngen und Läufen angesetzt. Außerdem residierte in der zweiten Etage des Baus, und auch das war geblieben, die Bücherei. Es war eine doppelte Hoffnung.

Der Wirt, an der Schnittstelle zwischen Sport und Büchern agierend, begann unterdessen, die Speisen aufzutischen. Und ich war eingetroffen in dem Konglomerat aus Sport und grenzenlosen Geschichten, jenem Sehnsuchtspanorama, an dem ich als Kind modelliert hatte. Ich war damals sicher: Bald würde das Unfassliche in unser Dorf einbrechen. Sichtbarer Garant dieses Träumens waren Schuhe, die besondere Namen trugen. Ein Paar entdeckte ich an den Füßen des Übungsleiters, der sich für uns die Spiele in der Halle ausdachte. Der Schuh trug den Namen *Achill*. Ich wusste nicht, aus welchem sagenhaften Epos diese Figur stammte. Auch waren mir das Können und die Kräfte unbekannt, über die der griechische Held Achill verfügte. Auch den Griechen, der nicht mehr aufhörte, uns mit frischen Getränken zu versorgen, konnte ich nicht fragen, weil er in Kindertagen noch nicht als Gastgeber direkt neben der Sporthalle fungiert hatte. Ich war jedenfalls nicht gerade groß gewesen, wusste nicht viel, aber genug Jahre, um zu hoffen, hatte ich bereits gesammelt. Der Schuh *Achill* verfügte über ein fabelhaftes Farbenspiel, eine – wie mir schien – federgleiche Sohle, die jeden Träger einen Meter weiter springen ließ. Zwei Jahre später hatte ich selbst einen besonderen Schuh an den Füßen: mit Nägeln an den Ballen, die über die Laufbahn huschen ließen. Blau waren die Spikes, hellrot leuchteten die Streifen. So schmiegte der Schuh sich an meinen Fuß. *Mexiko City* war sein Name – und bald wusste ich, dass dort ein Springer in Höhenluft einen märchenhaften Satz in die Weitsprunggrube gesetzt hatte.

Nur eine Straßenüberquerung weiter von dem Ort, an dem ich mich mit meinen alten Freunden auf dem Klassentreffen in Erinnerungsfilme fallen ließ, lag das Stadion. Selbstverständlich war es kein richtiges Stadion, nur ein Sportplatz. Aber doch war er groß genug, um in fieberhafte Träume einzutauchen. Es gab sogar eine Tribüne! Für mich ein Zeichen: Immer höher würde die Fußballmannschaft des Dorfes steigen. Wir konnten die Reihenfolge der Ligen wie Gedichte aufsagen – und rechneten: Noch siebenmal aufsteigen – und der SV 07 ist in der Fußballbundesliga. Im Fach *Textil* druckten wir mithilfe von Kartoffeln Fahnen, meine war blau-weiß. Bei Spielen schwenkte ich sie mit Vorfreude auf die kommenden Tage: Schon bald würden Nationalspieler auf dem Spielfeld zaubern! Das Stadion war ausgebaut – in unserer Fantasie. Wir zeigten einander, wo sich der einheimische Fanblock und der der Gäste befand. Unsere Mannschaft ärgerte die Großen – genau wie einst der kleine David, der den Riesen Goliath besiegte. Die wahnwitzige Hoffnung war freilich nicht unbegründet. Ein Spieler, wurde sonntags auf der Tribüne unter den Zuschauern geflüstert, hatte bereits zwölf Mal in der ersten französischen Liga gespielt. Jetzt sei er in die Heimat – es war *meine* Heimat! – zurückgekehrt, um als Spielertrainer wahr zu machen, was offensichtlich schien: Aufstieg um Aufstieg würden folgen, bis himmlische Spiele sich des Rasens bemächtigten. Der zurückgekehrte Hoffnungsträger lief nicht viel, fiel selbst mir auf, der ich über keine jahrzehntelange Tribünen-Erfahrung verfügte. Trotzdem traf er Spiel um Spiel. Dann kam die Entscheidung, das Aufstiegsspiel. Nie zuvor war mir Beten so sinnvoll erschienen. Vielleicht weil ich ahnte, dass bereits der erste Aufstieg nicht völlig sicher war? Das Spiel ging in die Verlängerung. Gott erhörte mein Gebet nicht, hatte er es überhaupt gehört? Ich war schweigsam, schockiert, erstaunt – was umgekehrt beweist, wie unaussprechbar groß die Hoffnung gewesen war. Die blau-weiße Fahne flatterte bald nicht mehr, verstaubte, wurde später entsorgt. Und jetzt? Kurz flackert die Erwartung auf, wenn ich auch heute noch montags das Spielergebnis des SV 07 recherchiere. Nach jedem von mir erleichtert aufgenommenen Sieg folgt in der Regel eine Niederlage. Die Realität hat mich längst eingeholt.

Das kindliche Träumen aber war mit dem verlorenen Aufstiegsspiel nicht gezügelt. Dann sollten mich eben Geschichten in das Land des Wunderbaren lotsen! Da war ein grenzenlos scheinender grüner Teppich im Kinderzimmer, auf dem ein anderes, aber nicht weniger verlangendes Hoffen regierte. Bücherlang lag ich auf dem Teppich. Den Stoff dafür fand ich in der oberhalb der Sporthalle gelegenen Bücherei, wo unser Lehrer ein Reich geschaffen hatte, das geweiht zu sein schien. Messdienerinnen des Heiligen nahmen die ausgelesenen Bücher an. Schweigend. Noch nicht einmal ein Computer war da, nichts surrte. Zu hören waren zwischen den Buchregalen allenfalls geflüsterte Lesetipps, die von Ohr zu Ohr wanderten. Die Signaturen, die der Lehrer mit fester Hand in die Ausleihkarte trug, waren die einzigen äußeren Zeichen dafür, wie unersättlich sich die Gläubigen durch die Geschichten fraßen. Sie stillten den Hunger, um ihn sodann gleich wieder anzufachen.

Wer liest, wirkt nicht gerade wie ein Aktivist im Widerstand. Aber er dient niemandem unterwürfig, sondern lässt sich bedienen – von der Erfindungslust. Sind die Kaiser der Farblosigkeit also doch nicht allmächtig? Selbst wenn Augustus den Landpfleger Quirinius und all die anderen Aufpasser in den hintersten Winkel schickte, würde er das Lesen nicht kontrollieren können. Dieses traumhaft stille Agieren lässt sich nicht überwachen. Harmlos wirkt es, denn da ist nur Stille. Und ein Blick, der die Zeilen entlangwandert. Dennoch liegt darin eine nicht auszulotende, logisch kaum zu erfassende Kraft. Je mehr Bücher ich während der Ausleihe in die Tasche gepackt hatte, desto kürzer erschien mir der Weg in die Geborgenheit hinein, auf den grünen Teppich. Dort las ich, reiste, träumte und flog, aber ohne Kerosin. Ich geriet so oft ins Schweben, dass mir zuweilen schwindlig wurde, aber niemals übel. Es war das Himmelreich.

So schleicht auf leisen Füßen die widerständige Sehnsucht in die Weihnachtsgeschichte ein. Nicht mit Heer und Schwert, nicht mit Flugblatt, Behördenbriefen, organisiert mit Dogma und Befehlen formiert sich die Gegenkraft. Sondern unmerklich geschieht es, kaum nachweisbar ist diese Kraft. Mit Handschellen und Fesseln lässt sie sich nicht zügeln. Vorgesehen war: Wie Millionen andere sollten auch Josef und Maria nach dem Willen anderer leben. Sie hatten sich einzutragen an ihrem Ursprungsort. So gelangen sie in die Stadt Davids, diesen Speicher nie versiegender Träume, die davon erzählen, dass sich eines fernen oder doch schon nahen Tages ein Gegenreich entfalten wird. Dann, so heißt es bei den biblischen Propheten, werden Wolf und Schaf nebeneinander liegen. Mit den Stecken der Treiber wird es ein Ende haben. Der Mantel, durch Blut geschleift, verbrennt. Und über denen, die da sitzen im dunklen Land, scheint ein großes Licht. Und Kaiser Augustus sieht es nicht, glauben jedenfalls jene, die sich vom Zauber alter Geschichten anstecken lassen.

Aber ist solch ein Widerstand denn wirklich kraftvoll? Die Vertreter der Ordnung lachen: »Welcher Widerstand denn?«, fragen sie. Und senden Ratgeber aus, die den Träumenden erklären: »Dafür seid ihr doch zu alt.« So viel zu wollen, sei lächerlich. Und mit besorgter Stimme fügen sie an: Es sei auch nicht ganz ungefährlich! Man werde dann nämlich zuweilen furchtbar unzufrieden. Stattdessen: »Auch das Kleine sehen, sich begnügen und Kompromisse schließen.«

Und in der Tat: *Achill* und *Mexiko City*, die Kartoffelfahne, mein Gebet – was ist daraus geworden? Statt Erfüllung empfängt einen viel zu oft nur die Vergeblichkeit. In der Regel gewinnt Goliath. Die Juden, Josef und Maria, warteten auf den Anbruch des Davidreiches. Aber eine konkrete Auskunft konnten sie auch nicht geben, wenn gefragt wurde: »Wo bleibt denn euer Wunderland?« Auch meine Sehnsucht stieß schon bald auf fragende Gesichter. Mein Körper hielt der Begeisterung, mit der ich in fabelhafte Dimensionen laufen wollte, kaum Stand. So kam die Zeit, dass sich mein sportlicher Eifer auf eine nicht geringe Anzahl von Rückenkursen beschränkte. Statt weiter Sprünge widmete ich mich therapeutischen Bändern. Und die Macht der Geschichten? Die dem Leben vorgegebenen Grenzen ließen sich nicht einfach so verrücken, hieß es. »Du musst das Leben bestehen.« Erzählen und lesen – schön und gut! Das sei durchaus möglich, zum Beispiel im Urlaub. »Aber man sollte nicht in

Bücher fliehen.« Und Josef? Er wird sich oft genug gefragt haben: »Ist David nicht schon lange tot?« Auch er wird nicht daran vorbeigekommen sein, sich in die sogenannten Gegebenheiten des Lebens einzufügen.

Nüchtern betrachtet gilt: Kaiser Augustus, der das Geheimnisvolle töten will, triumphiert. Aber den endgültigen Sieg scheint er dann doch nicht feiern zu können. Denn die Hoffnung findet offenbar die überraschendsten Wege, um aus dem Dogma des Sich-Abfindens zu entwischen, unmerklich und auf kuriose Weise widerständig. Denn Josef gehorcht dem Befehl. Er geht den mühsamen Weg mit seinem vertrauten Weib Maria, die schwanger ist. Nur können die Helfer des Augustus dieses eigenartige Paar nicht wirklich registrieren. Es ist verlobt, aber nicht verheiratet. Unehelich wird Marias Kind sein. Und ihr Verlobter, sagen manche, sei nicht einmal der Vater. So oder so: In welche Kategorie will Augustus eigentlich ein Kind, das noch gar nicht auf der Welt ist, einschreiben lassen? Da scheint ein Leben auf die Welt zu kommen, für das die Zwangsneurotiker und Ordnungsfetischisten kein Etikett finden können. Was also geschieht, wenn die Sehnsucht stirbt? Sie wird neu gezeugt. Und nicht nur Frauen werden schwanger. Manchmal wächst die Frucht sogar mitten in der Vergeblichkeit, ausgerechnet dann, wenn man es schon längst nicht mehr vermutet hat. Beim Klassentreffen schien ich gefesselt. Dann aber gestanden wir uns unser altes Wünschen ein, was überhaupt nicht kindisch war. So ging ich schwanger mit einer Hoffnung, die vergessen schien. Und ich spürte das Fiebern wieder, die Vorfreude, dieses unbestimmte Ziehen in der Magengegend.

Je stärker die Kaiser mit dem Lineal herrschen wollen, umso

eher stellen sie sich selbst ein Bein. Sie legen sich Kuckucks-
eier ins Nest. Der Widerstand wächst, indem er ausgerottet
werden soll. So war das auch, als später in der Schule unser
Schreiben und Reden immer weiter verbessert werden sollte.
Es geschah im Fach Deutsch, das nicht nur mit Grammatik,
sondern auch mit Erzählungen, Fantasie und Gegenwelten
zu tun hatte. Das Lernziel indessen lautete niemals: freies
Fabulieren. Stattdessen galt es, sich auszudrücken, wie es die
Mehrheit tat. Konkret hieß das: »Nicht zu lange Sätze. Keine
schiefen Bilder. Und bitte keine Fehler!« Und die Sehnsucht,
die mich als Kind von Geschichte zu Geschichte wandern
ließ? Sie hörte irgendwann zu atmen auf. Der Kaiser aber,
der den Namen *Regelsprache* trug, stellte sich wieder einmal
selbst ein Bein. Die Lehrer wollten den Lernstoff im Gleich-
schritt vor sich her marschieren lassen. »Zehn Aussagen hat
das Gedicht«, hieß es. Und wer diese fand, wurde mit Note
eins belohnt, damit wir an die Macht des Dudens glaubten.
Die Pedanterie aber konnte die Leidenschaft nicht bezwin-
gen. Vordergründig gehorchte ich der Macht des Augustus,
war brav und suchte eifrig nach den zehn Aussagen pro
Gedicht, die von Schülergeneration zu Schülergeneration
dieselben blieben. Beim Suchen der Aussagen geriet ich
jedoch ein ums andere Mal ins Staunen, musste lachen: War
das denn die Möglichkeit? Aber ja! Immer wieder fiel auf:
Die Autoren der zu interpretierenden Romane, Gedichte und
Erzählungen verstießen selbst gegen die Ordnung, an die wir
uns halten sollten. Sie waren es, die mich wie einst als Kind
auf dem grünen Teppich wieder schwanger werden ließen –
an Geschichten und einer ungezähmten Sprache. Und als
man mir anbot abzutreiben, weigerte ich mich. Noch nicht

mal eine Fruchtwasseruntersuchung kam für mich in Frage. Denn ist Trisomie in Wahrheit vielleicht nicht Poesie? So hörte das Kind in mir nicht auf zu strampeln und begann zu schreiben: Briefe. Das Wunder geschah. Bis heute kam kein von mir verfasster Brief mit roter Tinte korrigiert zurück. Da hörte ich auf, mein Wortfiebern zu zensieren. Aus dem Füller flossen Sätze und Bilder, wie sie kein Schulaufsatz je gesehen hat. Es waren Träume, die sich in Briefumschläge eintüten ließen – aber nicht für immer. Denn Umschläge sind dazu da, geöffnet zu werden.

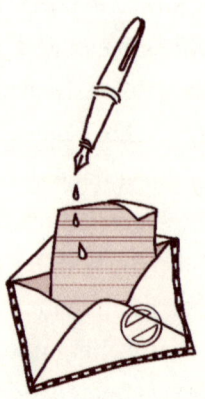

# Fremd in der Heimat
## Das Kind im Futtertrog der Tiere

Josef und Maria sind in der Heimat angekommen. Kostbares verspricht Bethlehem, die Stadt Davids, die die Hoffnung im Namen trägt.

*Und als sie dort waren, kam die Zeit, dass sie gebären sollte. Und sie gebar ihren ersten Sohn und wickelte ihn in Windeln und legte ihn in eine Krippe; denn sie hatten sonst keinen Raum in einer Herberge.* Lukas 2,6–7

Die beiden Wanderer sind am Ziel. Und so *kam die Zeit*. Das heißt wörtlich übersetzt: *Die Tage waren gefüllt*, die Zeit also ist reif wie eine Frucht, die wünscht, vom Baum gepflückt zu werden. Wundervoll wird sie schmecken, die lange wuchs und an Farbe gewann. Die Sehnsucht, das Versprechen eines Anfangs, wird also kein Traum bleiben. Nicht mehr lange, in wenigen Augenblicken schon, wird neues Leben geboren. Und dieses Leben ist nicht dazu da, sich knechten zu lassen oder nach den Wünschen anderer zu leben. Und tatsächlich! Der Traum wird zur Welt gebracht, um in der Wirklichkeit Fuß zu fassen. Und alles gelingt, suggeriert der Beginn der Geburtsschilderung in der Weihnachtsgeschichte. Und was ist mit Kaiser Augustus? An ihn denkt im Moment niemand mehr. Das Kind entdeckt das Licht der Welt, vorsichtig wird die fleischgewordene Hoff-

nung in Windeln gewickelt. Nichts geht schief, zumindest beunruhigt der Erzähler nicht. Gleich wird der Geburtsjubel ertönen. Und dann? Kommt ein Bruch.

Übergangslos zeigt sich das Jämmerliche der Geburt, die Hoffnung landet im Trog, der dazu gedacht ist, dass Tiere an ihr Futter kommen. Und wieso das alles? Weil eben nichts, aber auch gar nichts gelingt. Je größer die Hoffnung, desto exzessiver wird die Enttäuschung sein. Die Heimat Josefs, die Stadt Davids, trägt in ihrem Namen eine Zukunft, die glänzt. Sie entpuppt sich jetzt als fahl, noch mehr: Die Stadt, die doch Heimat ist, erweist sich als fremd. Womöglich hätten Maria und Josef alles besser planen sollen. Andere Eltern machen es vor. Das Kinderbett steht bereits, Monate vor dem Geburtstermin ist das Kinderzimmer eingerichtet. Erstes Spielzeug wartet, der Weg ins Krankenhaus ist zur Probe mehrfach abgefahren. Siebzehn Ratgeber – das ist eine Durchschnittszahl – sind verinnerlicht. Sie empfehlen, wie die Schwangerschaft gut zu überstehen, nein: *auszukosten* ist. Vater hat geübt, was ein Mann üben kann. An einer Attrappe hat er Windeln gewechselt, auch das Babybaden ist geprobt. Längst stricken Großeltern an Söckchen – der Tag der Niederkunft steht fest. Geburtsort Krankenhaus? Akzeptabel. Mutigere begeben sich ins Geburtshaus oder bleiben ganz daheim – jede Möglichkeit ist überlegt und kann argumentativ begründet werden, wenn jemand fragt. Und auch wenn niemand fragt, kann argumentativ begründet werden, wieso nichts schief gehen kann. Nur bei Josef und Maria ging fast alles schief. Kein Krankenhaus beherbergte sie. Da war kein Geburtshaus. Noch nicht einmal daheim sind sie. Um präzise zu sein: Sie sind in Josefs alter Heimat, seine Eltern wohnen vermutlich gleich um die Ecke. Nur ist dort kein Platz, sie tauchen jedenfalls nicht auf. Und beim Stichwort »Söckchenstricken«? Da tippen sie sich an die Stirn.

Natürlich, die Geburt *selbst* scheint zu gelingen. Welch ein Glück! Das illustrieren auch Krippen, die in Kirchen, Kaufhäusern und Wohnzimmern für Licht und Farbe sorgen. Sie malen eine Geborgenheit, die wärmt. Man sieht auch den Esel, dazu den Ochsen. Im Stall ist es nicht ungemütlich, im Gegenteil. Denn da brennt ein Licht und alle beten das Kind an, das traumhaft real und heilig ist. In der Weihnachtsgeschichte steht von dieser Wärme allerdings kein Wort. Nicht dass da keine Sehnsucht wäre! Die Erzählung schürt ja geradezu die Hoffnung, die schwanger werden lässt. Geborgenheitsgefühle werden gesät, die sich in Kürze in der Welt entfalten sollen. Dann aber kommt der Hinweis auf den Futtertrog. Die Sehnsucht, die wunderlich beschworen wird, stolpert und stürzt. Ob sich die Eltern über das Kind freuen? Das gibt die Geschichte nicht preis. War in der Krippe Stroh, damit das Neugeborene einigermaßen weich liegt? Kein Wort davon in der Geschichte. Sie verrät noch nicht einmal, ob die Familie ein Dach über den Kopf hatte. Von einem Stall ist überhaupt nicht die Rede. Niemand kann sagen, wo genau die Krippe stand. Das Allernötigste erfährt der Leser, es klingt nüchtern wie ein Protokoll. Zugleich scheint es der Erzähler zu genießen, mit den Erwartungen zu spielen, indem er die Hoffnung zunächst aufblühen, am Ende der Geburtsschilderung jedoch wie bei einer Achterbahnfahrt hinunterstürzen lässt. Der abrupte

Schrecken wird nämlich noch verstärkt, indem das am Schluss Stehende im Ohr nachklingt. Der Erzähler endet mit dem Satz: *Sie hatten keinen Raum in einer Herberge.*

Wie also endet Josefs Rückkehr in die Heimat? Antwort: Ohne Saal, ohne Raum, ohne heimeligen Platz. Die Sehnsucht landet im Trog. Kein Mensch zeigt Interesse an dieser seltsamen Familie. Skandalös daran: Sie hält sich nicht in irgendeiner Fremde auf, was schon schrecklich genug wäre. Nein, Josef befindet sich in seiner Heimatstadt. Verwandte, Nachbarn, mit denen er früher gespielt hatte, könnten wenigstens eine Spur von Interesse zeigen! Meinetwegen diese auch heucheln. Josef würde es durchschauen, aber es wäre erträglicher als diese radikale Ignoranz.

Was Josef empfindet, lässt sich allerdings streng genommen nur vermuten. Die Geschichte erzählt es nicht. Man weiß nicht, ob er bei der Geburt überhaupt anwesend war. Hat er weiterhin nach einem Unterschlupf gesucht? Oder verhält er sich schlicht passiv? Sicher ist: Er bleibt an dieser Stelle unerwähnt, obwohl es doch seine Heimatstadt ist, in der er mit Maria eingetroffen ist. Das Schweigen des Erzählers Lukas freilich setzt die Figur nur kräftiger ins Bild. Denn Josef kann nicht mehr handeln, ist anzunehmen. Er ist sprachlos, fremd in der eigenen Vergangenheit. Er ist kein Aktivist, sondern niedergeschlagen, fühlt sich wie in einem Film, in dem er eine Hauptrolle spielen sollte, jetzt aber nur als Statist agieren darf.

In die Heimat ist er gewandert und findet Heimatlosigkeit. Die Hoffnung, die in der Stadt Davids zur Welt kommt, scheint zu trügen. Die freudig gehegte Erwartung verkehrt sich ins Gegenteil. Und das ausgerechnet am Ort seiner Kindheit. Er ist erstarrt. Ein Einzelfall ist er damit allerdings nicht. Das Gefühl, sich nicht mehr regen zu können, gibt es auch heute noch. So hatte auch ich einmal die Rolle Josefs zu übernehmen. Es war ein Krippenspiel. Und zwar das Kurioseste, das ich je erlebte. Statist war ich, verurteilt zur Passivität. Damit nicht genug: Gerade das Nichtstun wurde in den Mittelpunkt gerückt. Wie konnte es dazu kommen? Helferinnen des Krippenspiels wollten sich wohl aufwendige Proben sparen. »Der Kinderchor singt Lieder«, hieß es, »das genügt.« Als der Heiligabend näher rückte, dämmerte es: »Gesang ganz ohne Josef, Maria und Babypuppe? Das hat dann doch zu wenig Glanz.« Kurz vor Toresschluss wurde also ein Josef gesucht, der schweigt. Kam man auf mich, weil ich tatsächlich schweigsam war, seit einigen Monaten das Kinderkirchen-Geschehen nicht mehr besuchte? Am Ende einer Telefonkettenaktion jedenfalls nahm meine Mutter den Hörer ab. Schon hatte ich die Rolle. »Du musst keinen Text lernen, noch nicht mal etwas tun«, beruhigte sie mich.

Der Kittel war braun, der Hut tiefschwarz. Maria saß in Blau. Der Kinderchor umringte uns – fröhlich, quirlig, alle hatten ihren Platz. Meine Verlobte, die ich so gut wie gar nicht kannte, summte wenigstens noch mit. Ich, kein Chormitglied, wusste nicht, wohin ich schauen sollte. Diese Kirche war mir doch nicht fremd! Es war Heiligabend, jener bis an den Rand mit Erwartungsfieber gefüllte Tag. Dazu hatte ich in dieser Kirche Geschichten gehört, die in mir oft genug eine farbenkräftige Hoffnung angefacht hatten. Jetzt fühlte sich alles farblos an. Und mein Gesicht war nur dazu da, um rot zu werden. Ich war im falschen Film, wollte von der Leinwand springen. Es gelang mir nicht. Als die Christvesper vorüber war, zog ich an meinem Kittel. Ich hatte es satt, in einer mir vertrauten Geschichte als Fremder aufzutreten. Der Stoffumhang jedoch, der an meinem Hals festgebunden war – wie soll ich es sagen? Diese mich befremdende Geschichte schien noch immer nicht locker zu lassen, der Knoten des Kittels ging nicht auf. Im Josefskleid war ich gefangen, bis geschickte Finger mich erlösten.

Im falschen Film, in der Heimat fremd, wie es Josef und Maria erleben – das gibt es nicht nur an Heiligabend und zur Winterzeit. Einen Sommer beispielsweise war ich schwanger gegangen mit einem Musikstück, das ich immer wieder übte. Vertraut war es mir geworden, ein Teil von mir. Die Finger bewegten sich wie von selbst. Mehrere Monate war ich mit dem Instrument im Bund und ahnte: Das ist mehr als eine kurze Kinderliebe. Beim Vorspiel dann wollte ich das Stück gebären. Und die mich hörten, würden staunen und klatschen! Dann spielte ich. Und wieder bewegten sich die Finger von selbst, aber diesmal nicht so, wie es mir gefiel, sondern verzögert und manchmal knapp daneben. Ich hatte die Befehlsgewalt über sie verloren, mein Gehör aber war intakt – es vernahm ein Stück, das nicht meines war. So fanden die Töne der Sehnsucht, die ich zur Welt bringen wollte, keinen Boden. Und den Beifall, der folgte, konnte ich nicht genießen. Die Musik, die mir Heimat geworden war, ließ mich ausgerechnet in dem Augenblick, als sie zur Welt kommen wollte, zu einem Fremden werden. Das erinnert an das Wechselspiel von Erwartung und Absturz, wie es Josef und Maria in Bethlehem erlebten. Was dort geschieht, ähnelt einem bösen Traum. Im nächtlichen Bilderspiel weiß man oft genau, wie man sich retten könnte. Doch die Glieder wirken schwer, wie gelähmt – allenfalls verzögert kann man reagieren, sieht, wie man ins Schwarze fährt, findet aber nicht die Bremse. Zeitlupenartig strauchelt die Hoffnung. So empfinde ich es, wenn ich durch die alte Heimat spazieren gehe, durch die Straßen, die einen unerschöpflichen Vorrat an Geschichten bieten. Groß war das Dorf, mir schien es sogar endlos zu sein. Nun aber befremdet vieles. Die Bürgersteige aus Sand, auf denen Regenfälle Gebirgslandschaften mit Seen hinterließen – sie sind zu Asphaltflächen verflacht. Die Sportfelder am Wald stecken neuerdings in Drahtverhauen, Käfige sind das, aufschließbar und vor allem auch wieder abschließbar. Die Apotheke, die mir mit ihren Juniorheften die Welt erklärte, muss ihre Stufen verloren haben. Der Eingang liegt jetzt ebenerdig. Und die Häuser? Sie haben sich Anbau um Anbau aufgebläht, trotzdem wirken sie klein. Natürlich, ich muss gewachsen sein. Das Land allerdings, in dem ich als Kind träumte, wirkt wie zugesperrt.

Ich reise ab, suche an anderen Orten Heimat, gehe durch die Straßen. Es dämmert. Überall Jalousien, die das Wohnungsglück am späten Nachmittag nicht mit denen da draußen teilen wollen. Aus einigen Fenstern aber leuchtet es.

Ich bleibe stehen und schaue Geborgenheit – die eigenen Wünsche sehe ich warm getaucht in Licht: Da ist Raum, eine Herberge, auf die ich warte. An einem Ort wie diesem wird manches Musikstück der Kindheit wieder spielen und diesmal richtig klingen! Dann rattert auch diese Jalousie nach unten. Ich gehe weiter, zurück in jene Räume, in denen ich wohne – oder soll ich sagen: zu wohnen versuche? Denn manchmal fühlt man sich in den eigenen Wänden unvertraut. Die Lampe in der Küche hat einen Wackelkontakt. Und im Zimmer hängt keine Leuchte. Mit Stehlampen helfe ich mir, was unkonventionell ist, aber nicht frei von jeder Komplikation. Sie geben immer dann erst Licht, wenn ich mich durch die Dämmerung hindurch tastend auf sie zubewegt und sie gefunden habe. Und wiederkehrend frage ich mich, ob ich nicht endlich einmal einen Volkshochschulkurs buchen sollte, der den Titel trägt: »Das Einmaleins der Bohrmaschine – und andere Heimwerkerarbeiten«.

Aber ich will ja stetig heimischer werden, nehme ich mir vor. Und strebe nach dem, was man Behaglichkeit zu nennen pflegt. So blättere ich in der Zeitschrift, damit auch für mich gilt: *Schöner Wohnen*. Und wandere durch Möbelhäuser, die auf mehreren Etagen mit Gemütlichkeit wuchern. Es leuchtet, ich genieße die Übertreibung, falle in jeden Sessel, richte mich im Kopf viele Male ganz neu ein. Und dann? Die Freundlichkeit des Warenhauses hat meinen Einkaufswagen vollgeladen, fällt mir auf, als ich an der Kasse warte. Verglichen mit dem Licht, das ich zurückgelassen habe, wirkt er allerdings fast leer. An meine Heimstatt zurückgekehrt, sehe ich: Die Holzregale sind gedunkelt, die Wände haben Macken. Und die Seiten vieler Bücher sind gelblich-braun geworden.

Josef sitzt mit Maria in seiner Heimat Bethlehem. Aber wirklich geborgen fühlen sich die beiden nicht. Mittendrin sind sie – und fühlen sich nicht zuhause. Das erleben nicht wenige auch am Weihnachtsfest, wenn Familienmitglieder zusammensitzen, die sich lange nicht gesehen haben. Sie reden. Die

Worte allerdings, die fließen, verdecken oft nur: In die Familie ist das Nicht-Verstehen eingezogen. Am Krückstock eines alten Familienrituals humpeln die einst miteinander Vertrauten die Festtage entlang. Sie sind beisammen, und doch jeder auch ein wenig für sich, im Anderswo. Dicht an der alten Heimat ist Josef. Sage niemand, dass die Geborgenheit nicht greifbar nahe wäre! Die Herberge jedoch bleibt verschlossen.

So etwas kann einem auch im Stadion widerfahren. Oder präzise gesagt: Vor dem Stadion. Man steht in der Schlange vor dem Kassenhäuschen. Die Fangesänge tönen, ein paar Schritte nur entfernt ist man von dem Ort, der grandiose Bilder zeigen kann. Die Stimmen auf den Rängen rumoren und brausen. Kurz ist es still – dann brandet Beifall auf, der rhythmisch weiterwandert. In den Ohren derer, die warten, kitzelt es. Der Gesang des Spiels, das jetzt begonnen hat, klingt nach einer aufregenden Vertrautheit. Aber noch immer steht man ohne Karte da, die Schlange vor dem Häuschen scheint zu schlafen. Sie will sich einfach nicht bewegen. Und jeder, der hier steht, trägt jetzt den Namen Josef.

Dabei hatte die Nennung des Namens *David* in der Weihnachtsgeschichte anderes prophezeit! Die Geschichten, die sich um die Davidshoffnung ranken, erzählen gerade nicht davon, in der Heimat ausgestoßen zu sein. Sondern gerade umgekehrt: Die Ausgestoßenen sollen endlich Heimat haben. Und die im Düsteren sitzen, finden einen Weg ins Licht. Die Realität jedoch zeigt: Josef und Maria haben kein Zimmer. Die Geschichten von alters her scheinen also zu lügen, mögen sie auch Kraft für jene sein, die hoffen. Jetzt aber liegt die Davidshoffnung im Trog. Und man hat den Eindruck: Solche Geschichten taugen nur als Futter für die Tiere.

Die Weihnachtsgeschichte kann gehörig in Verwirrung bringen. Denn sie erzählt Hoffnung und Vergeblichkeit ineinander: Da ist zunächst die kaiserliche Macht, die alles festlegen möchte. Noch bevor die Geschichte beginnt, scheint sie schon am Ende zu sein, weil eigentlich nichts mehr Neues kommen kann. Dann jedoch lässt der Name *David* aufhorchen. An ihm entzünden sich die alten, überlieferten Träume, die von einem neuen Leben erzählen. Der Traum wird Wirklichkeit, die Sehnsucht kommt zur Welt. Dadurch aber scheint alles nur noch schlimmer geworden zu sein. Denn der ins Leben gelassene Traum findet keine Heimat. Aber wieso das alles? Wie kommt es zu diesem Widerspruch? Die Bibel ist dafür bekannt, dass sie große Hoffnungen schürt. Tatsächlich ist in ihr die Sehnsucht aufbewahrt: Ein Licht wird kommen, das die Menschen verwandelt. Dann werden alle heimisch werden. Und diese Hoffnung trägt einen Namen, der lautet: *Wunder-Rat, Gott-Held, Ewig-Vater, Friede-Fürst.* Doch Lukas wirft die Davidshoffnung in den Dreck.

Ich kann mir solche Gegensätze nur so erklären: Die in der Bibel Geschichten hinterlassen haben, träumten wie kaum jemand sonst. Aber: Sie blieben dennoch ehrlich. Mit allen Wassern der Realität ist die Heilige Schrift gewaschen. Die Israeliten, um ein Beispiel anzuführen, waren in der Wüste unterwegs. Nach zwei Stunden Sonntagsspaziergang im frisch grünenden Laubwald werde ich zuweilen schon müde. Sie dagegen wanderten vierzig Jahre durch die Wüste. Es leitete sie die Aussicht, in ein Land zu kommen, in dem es blüht, wo Milch und Honig fließen. In diese Heimat wollten sie, die sie aus den Geschichten ihrer Mütter und Väter kannten. Was sie fanden, war allerdings nicht wohnlich, sondern karg. Milch, die floss? Von Zeit zu Zeit zogen einige Nomaden mit Schafen und Ziegen vorbei. Auch floss kein Honig. Es gab allein wilde, frei lebende Bienen. Der einzige erwähnenswerte Fluss glich einem Rinnsal. Das war Betrug – aber die Bibel, die so verzaubernd von der Hoffnung erzählen kann, verschweigt ihn nicht. Genauso wenig übergeht sie die Propheten, bei denen es sich um wagemutige Träumer handelt. Die Sehnsucht nach Gott lässt sie nicht still werden, eine Eigenart, die ihnen das Gefühl geben kann, fremd unter den eigenen Leuten zu sein. Der Prophet gilt in seiner Heimat eben nichts. Denn seine Stimme singt vom Risiko. Wer hofft und große Träume erzählt, öffnet das Fenster eben nicht nur einen Spalt, sondern reißt Fenster und Türen auf. Sturmwind braust durchs Haus, aller Muff verfliegt! Willkommen wird dieses erfrischend große Leben nicht immer geheißen. Denn rasch sind die Anhänger von Gewohnheit und Ordnung zur Stelle, um den Wind vielleicht höflich, doch entschieden wieder nach draußen zu bitten. Da ist kein Raum in der Herberge für das neue Leben. So wirkt auch die Nacht, in der das Kind in Bethlehem geboren wurde, nicht gerade weihevoll.

Jedenfalls: Die Bibel erzählt nie so, als ob sie die oft bittere Wirklichkeit nicht kennen würde. Andererseits klingt etwa die beim Propheten Jesaja überlieferte Vision vom Friedensreich, das der neue David bringen wird, wiederum fantastisch schön: Löwe und Lamm liegen beieinander, ein kleines Kind greift ins Loch der Natter, die keinen Giftzahn hat. Friedlich und beruhigend wirkt das. Und ich glaube: Die Bibel kann solch kraftvolle Bilder nur deshalb malen, weil sie die Erfahrung nicht übergeht, dass die Löwen mit Stroh als Nahrung nicht zufrieden sind, sondern liebend gern auch Lämmer fressen.

Träumer widersetzen sich, sie können sich mit dem angeblich für immer Vorgegebenen nicht arrangieren. Sie wollen Neues wagen. Die Geburt, von der Lukas erzählt, ist eine zur Welt gekommene Sehnsucht. Sie widersetzt sich einer nur vermeintlichen Heimat, in der alles beim Alten bleiben soll. Aber immer wieder landen Ideen, die geboren werden, im Trog – als Futter derer, die gewohnt sind Träume zu verspeisen. Sie bleiben unverstanden. Erfindungen finden Gelächter, Jahrzehnte später gehören sie zum Alltag. Dafür gibt es viele Beispiele: Als das Faxgerät ersonnen wurde, gab ihm in Europa niemand eine Chance. In Japan wurde die Idee aufgegriffen. Später kehrte sie zurück und alle klatschten. Auch Musikerinnen, Maler, Stückeschreiberinnen wagen Neues, begegnen aber häufig Achselzucken. Sie bringen Klänge, Formen, Farben zur Welt, um diese zu verwandeln. Sie selbst freilich ernten wenig, landen nicht selten in der Kläglichkeit. So lassen sich Ideen, wenn sie frisch geboren sind, nur schwer taxieren. In die Tabellen der Ordnungsmächte passen sie schlecht. Deshalb heißt es: Ab in die Krippe. Sie finden keine Herberge in den Museen und Theatern. Allenfalls später, wenn der Kaiser des guten Geschmacks den zur Welt gebrachten Fantasien eine verdiente Heimat spendiert. Dann allerdings sind die Schöpfer häufig vergessen, verarmt, ohne Heimat.

Nicht anders bei der Hoffnung im Trog. Die Geburt Jesu wird gefeiert – heutzutage. Viele würden das inzwischen heilig gewordene Paar gern beherbergen. In Bethlehem aber fand es kaum Beachtung. Jedes neugeborene Kind weckt unendlich viele Hoffnungen. Wie viele davon landen im Futtertrog?

48

Unbeachtet oder kaputt gemacht? Wie wenig das Neue Anerkennung findet, davon erzählt auch die Geschichte von einem Künstler, der mit seinen Werken gegen die Norm verstößt. Er zählt nicht viele Jahre und doch gelingt es ihm, fantastische Ideen zur Welt zu bringen, wofür er nicht selten büßen muss. Einmal hat seine Schwester Ida den Wunsch, über ihren Horizont zu schauen, in eine Gegend, die sie bislang nur aus Geschichten kennt. Sie will wissen, was weiter reicht als das gewohnte Augenland. Ihrem Bruder, dem Künstler, gelingt es, diese Sehnsucht zur Welt zu bringen. Seine Schwester zieht er in Richtung Himmel. Zur Fahne wird Ida, von ihrem Bruder an einer Stange hochgezogen. Das Seil hat er an der Schleife ihres Kleids befestigt. Und Ida sieht, was sie bislang nur vom Hörensagen, vor allem nicht aus dieser Höhe kennt: fremde Häuser, Gegenden und kuriose Menschen. Sie will und will nicht Abschied nehmen von ihrem Blick in diese große Weite. Der Bruder aber, der die Sehnsucht zur Welt brachte, bekommt Arrest von seinem Vater: »Michel, ab in den Schuppen.«

Kinder, die Arrest erhalten, fühlen sich wie Josef in ihrer Heimat fremd. Zum Arrest führt ein Streich, eine verrückte Idee, kein geregeltes Verhalten – manchmal ist es eine Sehnsucht, die nicht locker lässt und einfach nur nach draußen will. Die kindlichen Schöpfer aber müssen drinnen sitzen. Dort herrscht Frischluftverbot. Die Eltern sagen kein Wort. Das Kind legt sich aufs Bett, das sich nicht weich anfühlt. Es ist hart wie der Futtertrog, in dem die zur Welt gebrachte Sehnsucht der Weihnachtsgeschichte zum Liegen kommt. Von ihr will niemand hören. Die Umgebung findet für sie keinen Raum. So werden Hoffnungen klein gemacht, Ideen nicht beachtet, was einem jederzeit widerfahren kann: Die Idee der Feier war doch gut, alles war eingekauft! Die Dekoration entstand bereits im Kopf. Dann sagten die Leute ab, manche noch kurz vorher. Nur in einem kleinen Topf köchelt es nun – all die Leckereien sind im Vorratsschrank geblieben, in dem sie zu veralten drohen. Der Wein entlädt sein Aroma ins Nichts hinein. Ein Fest, das ausgefallen ist.

Was also ist mit Josef jetzt? Er ist vermutlich deprimiert, deshalb wird in der Weihnachtsgeschichte an dieser Stelle nichts von ihm berichtet. Ein Kind ist geboren, die Geburt sollte ein Fest werden. Und ja! Die Hoffnung kommt tatsächlich zur Welt. Aber da war kein Raum, in dem das Wunder Platz gefunden hätte. Die Sehnsucht ist auf eine Winzigkeit geschrumpft. Aus der Welt derer, die alles richtig machen, ist sie verstoßen worden. Sie befindet sich so sehr außerhalb, dass selbst die Diener des Kaisers Augustus sich nicht melden, nirgendwo läuten könnten. Vor der Krippe ist keine Tür, kein Klingelschild. Tief gesunken ist diese Familie. Da lohnt es sich erst gar nicht, sie zu registrieren. Diesem Kind wird noch nicht mal eine Steuer-Identifkationsnummer zugesandt, die heutzutage jedes Neugeborene per Anschreiben erhält: »Sehr geehrte Dame / sehr geehrter Herr, diese Nummer bleibt Ihnen Ihr ganzes Leben. Bewahren Sie dieses Schreiben gut auf.« Ohne Papiere sind sie, Menschen der Straße. In die freie Wildbahn ist die unheilige Familie entlassen. So lebt man unter Tieren. Josef lahmt. Und alles fühlt sich nach Ende an. Aber das nicht das letzte Wort. Denn Maria handelt. Womöglich sind es in den entscheidenden Momenten nicht Männer, sondern Frauen, die das Leben daran hindern still zu stehen. Es muss weitergehen: trotzdem und gerade in der

Fremde. So wickelt Maria die Hoffnung in Windeln, damit sie nicht friert. Die winzige Hoffnung soll leben. Von dem Wunsch ist sie getrieben, der Fremde Heimat abzutrotzen. Und die zur Welt gekommene Sehnsucht? Sie hörte nicht auf zu schreien.

# Randfiguren im Rampenlicht
## Die Hirten auf dem Feld

> Und es waren Hirten in derselben Ge-
> gend auf dem Felde bei den Hürden,
> die hüteten des Nachts ihre Herde.
> Und der Engel des Herrn trat zu ihnen,
> und die Klarheit des Herrn leuchtete
> um sie; und sie fürchteten sich sehr.
>
> Lukas 2,8–10

Wer den Blick in die Enttäuschung bohrt, findet kaum
mehr aus ihr heraus. So gibt
es, wenn alles verfahren ist,
manchmal nur noch eine Chance: Sich umdrehen und woanders nach dem Faden suchen, der der Geschichte einen
Fortgang bescheren kann. Das Baby, die zur Welt gekommene Hoffnung, liegt in der Krippe. Die Mutter ist in der Nähe,
doch von Josef gibt es keine Nachricht. Da sind keine Nachbarn und Verwandten. Niemand gratuliert, keiner will etwas
von dem Kind wissen, das der Welt schutzlos ausgeliefert ist.
Spätere Eigenheiten, Macken oder gar Verhaltensstörungen
sind nicht unwahrscheinlich. Denn wer als Kleinkind Ab-
weisung erfährt, wird ein wenig komisch werden, sagen zumindest Hobby-Psychologen. Die Sehnsucht jedenfalls ist in
der Heimat Josefs heimatlos geboren. Keine Aussicht auf
Gemütlichkeit. Es ist Nacht. Der Erzähler allerdings verharrt
nicht beim Futtertrog, sondern wendet sich von Maria, Josef
und dem Kind ab, die sich im Abseits befinden.

Das ist mutig und lässt mich aufhorchen. Schließlich verbeiße ich mich selbst mitunter. »Das wird doch zu schaffen sein«, murmle ich vor mich hin, »es muss klappen! Diese Geschichte soll zu einem guten Ende kommen.« So halte ich aus, bis es schmerzt. Man steckt fest, keine Wendung scheint möglich. Dem Erzähler der Weihnachtsgeschichte aber gelingt es, sich zu lösen. Er lässt den Futtertrog sein und wechselt die Perspektive. Den Schrecken will er nicht auch noch pflegen, bis er für alle Zeiten festgeschrieben ist. Kommentarlos wird der Schauplatz gewechselt. Der Kameraschwenk erfolgt allerdings nicht ohne jeden Zusammenhang. Denn die Geschichte wandert von der Familie ohne feste Unterkunft zu denen hinüber, die weder Eigenheim noch Mietwohnung haben. In derselben Gegend, in der das Kind liegt, heißt es, hüten Hirten ihre Herden. Es gibt also Parallelen zwischen Schauplatz eins und Schauplatz zwei.

Zugleich wächst das widerständige Personal, das die Geschichte aufzubieten hat. Josef und Maria waren der Ordnungsmacht schon nicht geheuer gewesen, schließlich ist Maria noch gar nicht Josefs Frau, hat das Kind, das trotzdem beider Hoffnung ist, von einem andern. Die kaiserliche Macht kann sie kaum einordnen. Dazu tritt das Problem mit dem Geburtsort, der im Pass zu stehen hat. Die Situation in Bethlehem widersetzt sich jedem amtlichen Gepräge. Denn die Geburtsadresse des Kindes kann – falls ein Abgesandter der Meldebehörde die Krippe überhaupt je erreichen sollte – allenfalls lauten: »Ohne festes Dach über dem Kopf, geboren nahe eines Futtertrogs zu Bethlehem.«

Kein richtiges Dach über dem Kopf haben auch die Hirten. Von Berufs wegen fehlt ihnen eine feste Adresse. *Und jeder-*

*mann ging, dass er sich schätzen ließe, ein jeder in seine Stadt.*
Die Hirten aber könnten nicht in ihre Heimat gehen, weil ihre Heimat das Gehen ist. Das Dogma des Augustus, das alle und alles festschreiben will, kann diese Menschen nicht fassen. Das wird in der Geschichte nicht eigens gesagt, dafür agiert sie zu süffisant. Mit dem Kaiser, der die Welt beherrschen will, wird nicht offen gestritten. Er ist unterdessen gerade noch so bedeutsam, um ignoriert zu werden. Je länger die Geschichte dauert, umso mehr drängt sich der Eindruck auf, dass sie von einer immer größer werdenden Niederlage erzählt. Dem Herrscher, der die Welt in den Griff bekommen will, entwischen nicht gerade wenige Menschen durch die Finger.

Andererseits sind die Hirten für das römische Weltreich kein großer Verlust. Warum sollten die Römer auch noch mühsam die Bedeutungslosigkeit erfassen? Sehr viel Steuern werden diese Nomaden kaum zahlen können. Ihre Honorare sind nicht hoch, sonst wären sie nicht Nachtarbeiter und hüteten auch noch am Wochenende Schafe. Sie haben kaum Besitz, nur Tiere, die sie mit sich führen. Vielleicht ähneln die Hirten heutigen Reisenden, die nur ein Fahrrad haben und es mit Tüten voll beladen. Bei ihnen ist nicht viel zu holen. Im Abseits leben sie, haben keine lichte Unterkunft. Trotzdem geben sie Zärtlichkeit weiter – häufig an Tiere. Auch in der Weihnachtsgeschichte ist von solcher Innigkeit die Rede, sie ist sogar zu hören: Bei den *Hürden Hirten*, sie *hüteten Herden*. Die Worte klingen ineinander. Mensch und Tier kämpfen nicht gegeneinander, die Tiere sind kein Mittel zum Profit, sie sind Gefährten. Wer alleine oder ausgestoßen lebt, baut oft eine besondere Beziehung zu Tieren auf. Wohnungslose haben als Begleiter manchmal einen Hund. Sorgsam sorgen sie, geben lieber sich als den Gefährten auf. Genauso bei denen, die alt geworden sind und deren vertraute Welt versunken ist. Freunde, auch die Partner sind davongegangen. Die Kinder leben weit entfernt. Nur ein Tier teilt jetzt noch die Wohnung, es lauscht den Worten derjenigen, die übrig sind.

Entrückt sind die Hirten der normalen Welt, in der alles richtig takten soll. Ihre Nähe zur Nacht lässt sie quer zum Standard leben. Normalerweise streckt sich alles nach dem Tageslicht. Aber nicht jeder kann sich nachts in weiche Federn legen. Das gilt auch für einen Hirten heutiger Tage, dem ich zufällig begegnete. Es war längst dunkel. Der Spätzug hielt, stand mehr als eine Stunde auf offener Strecke. So war der letzte Anschlusszug abgefahren. Mit der Verspätung zusammen spendierte die Bahn mir das Recht auf eine Taxifahrt. So stieg ich in das Auto zu einem Mann, der mich eine Stunde lang durch die Nacht chauffierte. Selbst ihn, von Beruf ein Reisender, irritierte der von mir genannte, weit entfernte Zielort im Vulkangebirge. Lange schwieg er auf der Fahrt. Dann fing er an zu reden: Das Leben spiele sich fast ohne Sonne ab. Seine Arbeit sei das nächtliche Nomadenwesen mit vielen, kurzen Taxifahrten in der Stadt. Tagsüber schlafe er nur dann, wenn er das Licht mit einer Jalousie verbanne. Allein im Sommer sehe er die Sonne länger. Zwei Monate am Stück, das müsse für den Rest des Jahres reichen.

Der Taxifahrer ist einer unter vielen, die sich überwiegend im Dunkeln bewegen. Schichtarbeiter, Krankenpfleger und Wächter brechen abends auf, um ihr Nachtwerk zu beginnen. Auch ich hielt einmal nächtliche Wache, vor vielen Jahren während meines Zivildienstes im Altenheim. Etwas unsicher war ich bei diesem ersten Mal schon, wusste ich doch nicht, was mit mir geschehen würde. Ich erhielt eine Flasche Apfelsaft als Zusatzhonorar – in dieser Preisklasse lagen die Tarife. So ging ich von Bett zu Bett, während andere ins Licht der Feierabendfreuden tauchten. Drei Rundgänge waren über die Nacht verteilt. Draußen versank alles in Ruhe. Einige der Heimbewohner aber waren hellwach. Worauf hofften sie? Dass sie auf ihrem Weg zum Tagesanbruch nicht ohne Gesellschaft blieben. Zur hohen Schlafenszeit legte ich mich auf Turnmatten, die im Gymnastikraum den Boden pflasterten. Es kam kein Schlaf. Ich suchte ihn auch am Tag danach vergeblich, weil ich aus der Ordnung geraten war. Lag es am Zuckerschock infolge des ungewohnten Zusatzhonorars, das ich bis auf den letzten Tropfen in mich hineingeschlürft hatte? Der Schlaf jedenfalls war in die Flucht geschlagen.

Das ist kein Einzelfall. Manchmal kann ich nicht schlafen, auch wenn ich mich gewissenhaft vorbereite: Zähneputzen. Dann lese ich noch in einem Buch, ein Ritual. Und jetzt: Komm, o Schlaf, du Lebensbruder! Doch vergeblich suche ich, diesen zu fangen. Stattdessen werde ich zum Kopfarbeiter. Gedanken fliegen Loopings, bis es mir endlich gelingt, sie in Richtung Landebahn zu steuern. Kaum sind sie gelandet, haben sie schon wieder eine Startbahn entdeckt. Wenn es doch nur ein Nachtflugverbot für unruhige Gedanken gäbe! Meine Rettung ist das Radio. Ich höre, bin also noch immer wach, aber abgelenkt. Dann wird *Gute Nacht* gewünscht. Die Musikfanfare ertönt, vielleicht noch ein Gedicht. Allein ein Mensch scheint im Funkhaus geblieben zu sein. Er zählt auf, welche Sender sich zusammengeschlossen haben und findet kaum ein Ende.

Eines Nachts war ich dann selbst im Funkhaus. Die Veranstaltung, über die ich als Reporter berichten sollte, hatte ihr Ende spätabends gefunden. Am nächsten Tag, für die ersten Sendungen des Morgens, sollte der Beitrag zur Verfügung stehen. Ein Kollege, der die Veranstaltung mit einem Kommentar versah, war mit der Aufnahme rasch fertig. Fast alle seine Worte hatte er bereits vor der Veranstaltung zu Papier gebracht. Der effiziente Kommentarjournalist hatte Feierabend. Und vererbte mir für die anstehende Arbeit an meiner Reportage mit Joghurtcreme gefüllte Plätzchen. Mit ihnen zusammen hatte ich auch das Schneideprogramm und Mikrofon für mich. Die Lichter auf den Fluren, die sonst immer brannten, waren erloschen. Nur kleine Nachtglühbirnen schimmerten. Plötzlich war es gleißend hell! Licht fiel durch die Glastür ins Studio. Ich schaute zur Tür: der Lichtkreis einer Taschenlampe. Dann erkannten wir uns, zwei Hirten, Arbeiter der Nacht. Es war der Wachmann, der die Flure abschritt und genau wie ich erschrocken war, dass in der Nacht noch jemand anderes wachte.

tiefe Nacht

Ich freilich war überwach, eine Stunde nach der anderen verging. Und ich ließ erst los, als meine Stimme und das geschnittene Material des Abends harmonierten. Und dann? Ich betrat das Niemandsland zwischen spätem Abend und frühem Morgen. Es war Sommer, mit dem Fahrrad fuhr ich durch den Park nach Hause, der auf eine kaum vorstellbare Weise die Stille hütete, diese vom Aussterben bedrohte Spezies. Selbst die Jogger, die dort sonst zu wirklich jeder Stunde ihre Runden drehten, hatten endlich einmal Pause. Auch die Autos schwiegen, die gewöhnlich mit ihrem Lärm den Rand des Parks markierten. Die letzten Tage hatte die Hitze die Stadt in ihren Klauen gehalten. Nun aber, als die Fahrradreifen auf den sich zwischen Rasenflächen dahinschlängelnden Sandwegen knirschten, spürte ich die Feuchtigkeit der Nacht.

Die Nacht – sie ist nicht nur ungemütlich. Natürlich, nachts zu arbeiten, verstößt gegen den gewohnten Rhythmus. Womöglich aber hatten die Hirten die Dunkelheit nicht nur unfreiwillig gewählt? Die Nachtstunden können schließlich auch entlasten, vor allem dann, wenn sich am Tag Menschenmassen um das schönste Sonnenlicht und die besten Plätze drängeln. Die Düsternis ist zuweilen attraktiv,

sie lässt schweben. Auf Klassenfahrten und Kinderfreizeiten darf sein, was sonst nicht üblich ist, nämlich durch die Nacht zu wandern. Und in mittelalterlichen Städten dürfen selbst Erwachsene zu Kindern werden. Mit Lampen geht der Nachtwächter voraus, trägt Hut und Mantel, einen großen Stock. Im Schlepptau folgen die Besucher. Dann singt der Nachtarbeiter: *Alles schläft, nur einer wacht* – und mit ihm die Reisenden, die bereit sind, dem Wächter in die Nacht zu folgen. Selbstverständlich kann die Dunkelheit auch sehr gefährlich sein: Hänsel und Gretel verliefen sich im Wald. Es war sehr finster und natürlich auch sehr kalt. Zugleich zieht das Dunkel an. Wen das Geregelte überfordert, der kann mit der Tagesnorm brechen. Werden Kinder erwachsen, erobern sie die Nacht. Jede Minute, die Jugendliche ihren Eltern abtrotzen, wird als Sieg gefeiert. Mit Anbruch der Dämmerung darf man danebenticken und Sehnsüchte entfalten sich, die am Tag verschwiegen werden. Das Licht ist schummrig, die Gesichter sind geschminkt, manche angemalt wie Masken. Besondere Kleidung wird getragen, manchmal ist es Verkleidung. Die Halb- und Schattenwelt erlaubt es, endlich einmal anders zu sein. Viele schlüpfen auch in das Gewand der Dunkelheit, um sich zu schützen. Denn in der Nacht fühlen sie sich frei. Ihnen gelingt es nicht mehr, in der Öffentlichkeit des Tages, im grellen Licht der Ansprüche, unter den Argusaugen der Prüfer zu bestehen. Die Nacht dagegen beschirmt. Trotzdem handelt es sich dann zuweilen um einen Mantel, in den man sich nur traurig hüllt. Einige haben sich in der Nacht des Lebens eingerichtet, mitunter unfreiwillig. Wer sich in eine Krankheit verirrt hat und keinen Weg nach draußen findet, sehnt sich nach einem Ausgang aus dem Labyrinth. Er will und will sich nicht zeigen. Also hat man Strategien gefunden, um einen anderen Alltag zu bestehen. Das eigentlich Finstere, das Ungewohnte, wird vertraut. Krankheit, Schmerz und Einsamkeit haben sich ins normale Leben geflochten. Menschen, die es mit diesem anderen Alltag aufgenommen haben, wirken oft ohne jede Furcht. Erfahren sind sie mit den Tücken der Schattenwelt. Kein Grauen der Nacht kann sie noch schockieren. Doch dann: *Der Engel des Herrn trat zu ihnen.* Gottes Klarheit leuchtet, die Nacht wird taghell. *Und sie fürchteten sich sehr.* Die Bewohner der Nacht werden vom göttlichen Licht geschockt.

Von Krippenspielen und weihnachtlichen Ansprachen her ist man gewohnt: Jetzt wird alles gut. Ein Engel fängt zu singen an, er hat goldenes Haar, die Flügel glänzen und das Kleid ist weiß. Der Himmel öffnet sich, der sehr lieblich ist. Die Reaktion der Hirten hingegen ist anders: Tiefe Furcht packt sie. Das Licht erschüttert, es blendet. Die Nacht – vielleicht nicht immer angenehm, aber wenigstens vertraut – hat ausgespielt. Das ist, wie wenn im Dunkeln ein Licht angeschaltet wird, direkt vor den Augen. Die Strahlung tut so weh, es schmerzt. Oder: Ein Auto fährt im Dunkeln auf den Fahrradfahrer zu. Das Fahrrad bewegt sich mit flackernder Lampe auf den bekannten Wegen der Nacht. Das Auto wirft seinen Schein, um das kleine Licht im Auge zu behalten. Der Fahrradfahrer aber fängt zu wackeln an, denn wegen dieser Lichtekstase kann er nichts mehr sehen. Blind.

Was die Hirten, diese Nomaden der Nacht, erleben, wäre vielleicht noch zu ertragen, wenn der Himmel im Himmel bliebe und das Licht in sicherer Entfernung schiene. Der

Glanz jedoch breitet sich direkt vor ihnen aus. Die Nachtarbeiter müssen noch nicht einmal nach oben schauen, weil der Bote Gottes nicht schwebt, sondern zu ihnen *getreten* ist, heißt es in der Weihnachtsgeschichte. Er steht also bei ihnen auf Augenhöhe, mitten unter Schafen. Das klingt nun wiederum sehr alltäglich, überlege ich. Es könnte einem genauso heute widerfahren: Wenn ich Besuch erhalte, tritt er mir ebenfalls auf Augenhöhe gegenüber. Der Besucher der Weihnachtserzählung freilich ist nicht angemeldet. Wenn jemand unangemeldet an der Tür klingelt, kann ich aus dem Fenster schauen. Zwar habe ich keinen Spiegel am Fenster, auch keine Videokamera oberhalb der Klingel angebracht. Der Blick durchs Fenster hilft jedoch, mich zu vergewissern: Es ist die Post. Und nicht irgendwelche Händler oder unablässig Worte sprudelnde Gottesboten, die mich auf ein nahes Ende verweisen: »Sagt die Bibel!« Bei diesen Verhandlungen ziehe ich stets den Kürzeren, weil ich in der Bibel nie ein Ende finde. Solche Boten lasse ich nach meinem Fensterblick lieber weiterziehen.

Die Hirten allerdings hatten keine Tür, keine Klingel, auch kein Fenster, das vor erschreckenden Besuch schützen konnte. Es half ihnen auch nicht, als Nachtarbeiter darin geübt zu sein, wilde Tiere zu erkennen. Augen wie ein Luchs mussten sie haben, um ihre Existenz sichern zu können. Auf alle Gefahren der Nacht waren sie vorbereitet, nur nicht auf die Klarheit Gottes. Unangemeldet kommt der Besuch, schon sitzt er auf der Couch. Fragen rasen durch den Kopf: Wieso kommt die Klarheit Gottes zu Besuch, sonst aber nur wilde Tiere? Was können wir denn bieten? Nichts ist vorbereitet, und was im Kochbuch für überraschenden Besuch empfohlen wird, der schnelle Toast, wird diesem göttlichen Wesen nicht gerecht. Für Hirten wäre es sowieso hinderlich gewesen, schwere Kochbücher auf ihren Wanderungen mitzuschleppen. Als der Nomade Abraham, Urahne der Hirten, einst göttlichen Besuch erhielt, wird ein zartes Kalb zubereitet, dazu backt Frau Sara einen Kuchen. Milch und Butter werden aufgetischt, wird am Anfang der Bibel erzählt. Den Hirten in der Weihnachtsgeschichte war diese Möglichkeit nicht gegeben, sie lebten eher karg und waren gewohnt, im Hintergrund zu leben.

Jetzt aber stehen sie im Licht, *es leuchtete um sie herum,* heißt es in der Geschichte wörtlich übersetzt, was bedeutet: Alles bleibt dunkel, die Nomaden der Nacht, die Leute im Hintergrund, werden herausgehoben. Sie stehen im Glanz Gottes, auf offener Bühne. Die sonst im Verborgenen arbeiten, in der Garderobe oder als Souffleuse, auch alle Bühnenarbeiter werden mit hellem Schein beworfen. Die Augen im Publikum schauen erwartungsvoll, die Sicherheit der Nacht ist weg. Stattdessen pocht jetzt ein Fieber vor den Lampen, die blenden.

Auch ich habe diesen fantastischen Wechsel ins Rampenlicht schon erfahren. Bei hochklassigen Fußballspielen war ich dabei, zunächst nur auf der Tribüne. Die Spiele waren dramatisch, folgten mir manchmal noch Tage und Nächte nach. Dann geschah es endlich, ich konnte mein Glück kaum fassen, trippelte nervös an der Seitenlinie auf und ab. Der Schiedsrichterassistent prüft die Stollen. Der Trainer gibt mir einen Klaps, ich werde eingewechselt. Und dann? Ich laufe aufs Spielfeld, das ich vor gar nicht langer Zeit nur vom Fanblock aus gesehen habe. Die Zuschauer halten sich bedeckt, kennen meinen Namen nicht. Ich aber halte mit. Das Zusammenspiel mit den Kollegen klappt, ich erarbeite mir die eine oder andere Chance. Und dann! Allein laufe ich auf das gegnerische Tor zu. Die Stimmen auf den Tribünen brausen auf, eine geschickte Täuschung, der Torwart liegt am Boden, das Tor ist leer! Ich brauche nur noch einzuschieben – bin aber mit einem Mal wie gelähmt. Es fühlt sich an wie in einem Traum. Dann wachte ich auf und wusste: Es ist dieser Traum, der oft wiederkehrt. In ihm empfing mich die Zweite Fußballbundesliga. Ich rackerte auf dem Rasen, um mit den Lilien – so wird die Mannschaft liebevoll gerufen – aufzublühen. Ich konnte nicht helfen. An der entscheidenden Stelle geriet ich jedes Mal in Zeitlupe und sah: Der Ball fliegt – so schnell, wie eine Schnecke kriecht – am leeren Tor vorbei ins Aus.

Es ist die Angst ins Licht zu rücken, die die Nomaden der Nacht umtreibt. Dabei träumen sie oft davon, endlich einmal nach vorn zu treten. Aber wenn das Gruppenfoto geschossen wird, stehen sie schon wieder hinten, verdeckt sind sie, kaum zu erkennen. Nun aber stehen die Hirten im Vordergrund, weil das Licht auf sie gerichtet ist: Gleich geht's los! Sie werden Musik, einen Tanz oder wunderbare Sätze bieten. Die größte Schwierigkeit besteht freilich darin, das Licht aushalten zu müssen. Es verhält sich nicht viel anders als bei einer Prüfung. Nach langem Lernen im Kämmerlein geht es hinaus, es muss bewiesen werden. Viel wurde trainiert – jetzt gibt es kein Zurück. In dem Verein, für den ich einst rannte, gab es eine Frau, die wunderbar leicht, schnell, dazu noch locker lief – im Training. War sie für den Wettkampf nominiert, wurde sie stets krank. Oder *wollte* sie es nur sein? So wurde sie auf die Bühne, ins Rampenlicht, zur Prüfung gelockt. Sie sollte für eine Staffel an den Start gehen, nun gab es kein Zurück. Denn ihre Teamkolleginnen würde sie nicht hängen lassen, dafür hatte sie diese zu oft angefeuert und sich mit ihnen über deren Erfolge gefreut. Dann der Startschuss. Endlich lief sie ins Licht: Sie, die Lauf-ästhetin, die lange genug im Training allein geglänzt hatte. Es sah aus, als ob ihr Laufen lächelte. Nach 200 Metern ging sie von der Bahn, weit vor dem Ziel. Sie humpelte nicht, es gab keine Erklärung, es war unerklärlich. Beim nächsten Training war sie wieder da, wie immer, und wie immer munter.

Die himmlische Klarheit will laut Weihnachtsgeschichte aber gerade die ins Licht holen, die unbemerkt brillieren. Die gewohnte Dunkelheit wird ausgeleuchtet. Es ist ein Schock – und vielleicht einer, der kaum zu überstehen ist. Unter der Decke ist es schließlich gemütlich, man könnte lange weiterschlafen, manchmal mit dem Gefühl, endlich und für immer Ruhe zu finden. Die Decke der Dunkelheit aber wird den Hirten weggerissen. Es ist so kalt. Nackt bin ich, dem Tag jetzt ausgeliefert. Die Klarheit Gottes leuchtet sauber und sehr rein. Ob das die Hirten auf dem Feld über-stehen, ob sie bestehen werden? Sie haben keine geputzten Schuhe, falls sie an den Füßen überhaupt Leder tragen. Dazu scheint dieses klare Licht die Eigenart zu haben, Ge-sichter aufzudecken. Selbst die beste Schminke der Welt kann nun die Enttäuschungen, die Sehnsucht und die großen Wünsche nicht mehr kaschieren. Wenn Röntgenlicht auf Menschen fällt, reicht die Arzthelferin wenigstens noch einen Schutz, der umzulegen ist. Die Hirten aber haben keine Schutzanzüge. Gott leuchtet und die Kleinviehhüter stehen auf der Bühne, wissen nicht, ob sie versagen, haben keinen Text gelernt, sie ahnen nicht einmal, wie das Stück heißt. Die Angst ist groß und sie wissen nicht: Werden sie verbrennen, darf die Leidenschaft in ihnen brennen?

# Das Versprechen einer Winzigkeit
## Die Botschaft des Engels

Der Engel, der den Hirten gegenübertritt, führt eine nicht gerade glückliche Existenz. Sein Auftrag ist nicht sonderlich attraktiv, obwohl

Fürchtet euch nicht! Siehe, ich verkündige euch große Freude, die allem Volk widerfahren wird; denn euch ist heute der Heiland geboren, welcher ist Christus, der Herr, in der Stadt Davids. Und das habt zum Zeichen: ihr werdet finden das Kind in Windeln gewickelt und in einer Krippe liegen. Lukas 2,10–12

das Engelsein gewöhnlich eine Traumbesetzung ist. Weiß und golden, mit ätherisch leichten Flügeln, ist er der Favorit bei Krippenspielen. Während die Hirten als Nachtarbeiter am Rand des Lebens balancieren, stehen die Engel für Licht und Freude. Beim Stichwort *Engel* horchen selbst Menschen auf, die mit Religion eigentlich nichts anfangen können. Auch Jugendliche, die so gut wie alles infrage stellen, zeigen sich den Himmelsboten gegenüber aufgeschlossen. Engel haben Konjunktur. Schutzengel scheint es mindestens so viele zu geben wie Menschen auf der Erde leben. Vielleicht sind es sogar mehr. Spazierte der Bote Gottes aus der Weihnachtsgeschichte durch Buchgeschäfte, wäre das, wie wenn er zwischen zwei Spiegel träte. Er sähe sich und seine Gattung multipliziert bis ins Unendliche. Engelbücher gibt es stapelweise, manche wollen trösten, andere beruhigen. Einige ermuntern dazu, sich wohlzufühlen. Viele haben Bilder, so gut wie alle sprechen sanft und leise. Es gibt sie für jeden Tag, dazu hundert Engel für die Seele, aber auch hundert für den Körper. Nicht zu vergessen sind die hundert Engel für das Zusammenspiel von Körper und Seele.

Dem Engel der Weihnachtsgeschichte ist zu wünschen, dass er Buchhandlungen überfliegt. Sein nicht gerade leichter Auftrag erschiene ihm sonst noch schwieriger. Denn der Weihnachtsbote, von dem der Evangelist Lukas erzählt, erfährt nicht die Beliebtheit, die den Engeln heutzutage entgegenfliegt. Lichtvoll tritt er auf. Und dann? Auf den Gesichtern sieht er Schrecken. Bis zu einem bestimmten Grad kann er das nachvollziehen, zumal man annehmen darf, dass die Himmelswesen in Engelkunde nicht ungebildet sind. Sie wissen, wie sehr das Heilige zu blenden vermag. So haben die um Gottes Thron flatternden Himmelswesen eine doppelte Schutzvorrichtung. Das berichtet der Prophet Jesaja, der selbst einmal vor Gottes Thronsitz gestanden haben soll. Seinen Angaben zufolge verfügen diese Engel über sechs Flügel. Mit zweien fliegen sie, zwei andere bedecken die Füße und mit dem dritten Paar schützen sie ihre Augen. Gottes Licht ist eben ungeheuerlich – selbst für jene, die in der Lage sind, ganz in seine Nähe zu kommen.

Von der göttlichen Aura nehmen sie offenbar so viel in sich auf, dass sie den Menschen das Fürchten lehren. Der Weihnachtsengel jedenfalls wird sich manchmal als aussätzig empfunden haben. Bei seinem Auftritt schreien die Menschen, wenden sich ab. Auf Festen und Gesellschaften kann er sich seines Berufs nur schlecht rühmen. Er ist *Auftragsflieger*

*Gottes,* ein ehrenvoller Beruf, der jede Visitenkarte zu einem Glanzstück macht. Aber wenn er landet, entsteht sofort Distanz. Heiligkeit ist eben nicht gemütlich, sondern kann in Panik versetzen. So klopft kaum jemand dem Engel auf die Schulter, um zu sagen: »Gut gemacht!« Engel schweben in der Einsamkeit.

Aber wer will denn schon gern einsam sein? Der Engel der Weihnachtsgeschichte reagiert auf das von ihm immer wieder neu erlebte Erschrecken der Menschen. Er will die Schockwirkung verringern, indem er nicht von oben herab agiert, sondern den Hirten auf Augenhöhe gegenübertritt. Es macht alles nur noch schlimmer. Das von ihm ausgehende Licht kann er nicht ausknipsen, es leuchtet jetzt noch heller. Vielleicht hätte er vor seinem Besuch eine Grußbotschaft schicken sollen? Freilich war ihm untersagt, sich anzumelden. Es lässt sich wohl nichts daran ändern: Himmlische Botschaften platzen in die Dunkelheit hinein, denn Gottes Wesen ist die Überraschung. So erlebt der unangemeldete Besucher, was stets geschieht: Die Empfänger seiner Worte geraten in Angst, was ja auch durchaus die passende Reaktion wäre, wenn der Engel etwas Schreckliches anzukündigen hätte. Nur soll er den zittrigen Hirten eine furiose Freude ansagen. Es ist schwierig genug, Menschen zu beruhigen, die in Panik sind. Dieser Auftrag aber ist noch schwerer: Die fassungslosen Hirten sollen sich nicht nur beruhigen, sondern dazu auch Freude finden.

Was tun? Der Engel spricht. Bislang hatte in der Weihnachtsgeschichte noch niemand das Wort ergriffen. Pantomimisch hätten Maria, Josef und die Hirten ihren Part spielen können. Die Erzählung wäre als Stummfilm oder als ein von Glas abgeschirmtes Schneekugelgeschehen durchgegangen. Jetzt zerbricht das Glas, das vorher jeden Ton verschluckte. Der Engel befiehlt: *Fürchtet euch nicht!* Als Seelsorger bekäme er mit dieser Methode Note Sechs. Die Hirten fürchten sich, der Engel aber sagt: »Fürchtet euch nicht.« Das ist, wie wenn ein Hund auf Spaziergänger zurast und das Herrchen energisch ruft: »Keine Angst! Der will nur spielen.« Die Verängstigten werden mit der Aussicht auf ein tierisches Spiel konfrontiert. Auch der Engel reagiert ohne weiche Stimme. Offenbar hat er genug davon, dass er auch wirklich jedes Mal, wenn er auftaucht, bleiche Gesichter sieht. So bricht es aus ihm heraus: »Schluss mit dieser Angst!«

Er reagiert ungewöhnlich, nimmt man das Verhalten heutiger Gottesarbeiter als Maßstab. Die Angst mit Befehlen vertreiben zu wollen, ist seelsorgerlich gesehen nämlich nicht plausibel. Dem therapeutischen Grundlehrbuch zufolge hätte der weihnachtliche Bote stattdessen auf die Gefühle der Hirten eingehen, sie sodann zur Sprache bringen und dadurch – so ein Grundbegriff aus dem seelsorgerlichen Milieu – *spiegeln* müssen. Dabei gilt es aber auch, auf Botschaften, die die Körper der Hirten aussenden, zu achten. »Ich sehe, wie euch der Atem stockt, ihr habt käsige Gesichter, eure Hände zittern«, hätte ein einfühlsamer Engel zu den Hirten gesagt, um dann zu folgern, und zwar mit jener leicht fragenden, kaugummigleichen Therapeutenstimme, die keinen Punkt zu finden scheint und sich niemals senkt: »Ich spüre es: Ihr habt Angst – – – «

So hätte ein psychologisch geschulter Engel die Furcht der Hirten gespiegelt – eine Stunde lang. Am Ende der ersten Sitzung wäre der Termin für die nächste Woche vereinbart worden. Gruppentherapie sei natürlich preislich günstiger, eine Einzeltherapie aber intensiver, konstruktiver, wirkungsvoller, hätte der Engel gesagt. Schon bald wären die Ängste eines jeden Hirten für sich genommen, Stunde um Stunde, therapiert worden. Endlich aber – vorausgesetzt, die Hirten hätten ihre Angst auch *wirklich* akzeptiert – wäre es dank des Therapeuten zu einer Annäherung an die Freudenbotschaft gekommen. Versuchsweise. Und Jahre wären ins jüdische Land gegangen, man hätte Weihnachten ausfallen lassen müssen und das Ordnungswerk von Kaiser Augustus wäre zu einem glanzvollen Abschluss gebracht worden.

Genau so war es aber nicht! Vermutlich werden Engel von Gott auch nicht therapeutisch ausgebildet. Denn wenig einfühlsam und irritierend direkt kündet der Engel die Freude an: *Siehe* – das heißt in der Bibel stets: Achtung, jetzt kommt's! Was aber kommt denn? Antwort: Große Freude für das ganze Volk! Das klingt allerdings nicht gerade realistisch, weil sich nur selten ein *ganzes* Volk freut. Nach Wahlen etwa jubeln allein die Gewinner. Gibt es Steuererleichterungen, sind jene beglückt, für die sie gelten. Wird ein Land Fußballweltmeister, freuen sich sehr viele – andere aber halten es nicht aus: »Unablässig flackern Rennerei, Gegröle und Gekicke über den Bildschirm.« Und wie verhält es sich mit Freibier für alle? Es gibt nicht wenige, denen schmeckt kein Bier. Gibt es Hitzefrei, dann freut sich ein ganzes Schulvolk. Sehr Ehrgeizige aber gehen vielleicht bedrückt nach Hause. Auch Lehrerinnen, die womöglich eine ganz besondere Stunde vorbereitet haben, sind enttäuscht, weil manche ihrer Ideen das Licht des Klassenzimmers nicht erblicken konnten.

Der Engel aber will sich nicht nachsagen lassen, seine Botschaft von der Freude für ein ganzes Volk sei überzogen. Er findet eine Hintertür, um sich mit seinen Worten nicht lächerlich zu machen. Die Freude, sagt er, *wird* dem ganzen Volk widerfahren, soll also erst noch geschehen. Die Empfänger seiner Worte können dank dieser Nuance keinen Beweis fordern. Und er, der Bote, wird nicht ausgelacht. Mit der Angst umzugehen, die sein Erscheinen auslöst, empfindet er als anspruchsvoll genug.

Mit dem Volk, das sich freuen wird, ist streng genommen allein das jüdische gemeint. Christus war kein Christ. Er wurde zur großen Freude der Juden geboren, waren sich die ersten Jesus-Anhänger sicher. Worüber aber hätte sich das Volk der Juden ungeteilt gefreut? Die Antwort ist nicht schwer. Sie lebten unter der Herrschaft der Römer, ihr Leben war nicht selbstbestimmt. Vor den Römern hatten auch andere Großmächte Knechtschaft und Katastrophen über sie ausgebreitet. Sie waren Leid gewohnt, nie aber wollten sie sich daran gewöhnen. So hofften sie auf das Ende der Unterdrückung, das war ihre große Sehnsucht.

Es gibt unter Menschen allerdings auch eine Freude über Materielles, die nicht gerade unerheblich ist. Das leugnen ohnehin meist nur jene, die auf Materie nicht angewiesen sind, weil sie nie den kalten Atem der Armut spüren. Der Blick auf den jüdischen Traum von der großen Freude für ein ganzes Volk jedoch lässt ahnen, dass es einen noch umfassenderen Jubel geben kann. So freuen sich Menschen ungeteilt, wenn Schwache nicht schwach bleiben müssen. Jemand wird vor dem Tod oder aus einem Leben gerettet, das todesähnlich war. Eine Katastrophe wird abgewendet – dann freut sich alles Volk. Das Fiebern mit den Schwachen ist auch beim Sport bemerkbar. Wenn Mannschaften im Pokalwettbewerb aus unterschiedlich hohen Ligen gegeneinander spielen, jubeln so gut wie alle über den Sieg der Kleinen. Auch die Geschichten von Asterix und Obelix belegen das. Ich kenne keinen Leser dieser gallischen Lektüre, der mit der Weltmacht der Römer sympathisiert. Stattdessen vergnügt sich das Lesevolk ungeteilt daran, dass sich die Winzigen nicht winzig machen lassen. Sie leben lieber diese kuriose Hoffnung, sich als Dorf samt ihren wunderlichen Eigenheiten dauerhaft gegen ein Weltreich zu wehren. Die große Freude, von der der Engel redet, hat einen Zauber, der sich trinken lässt. Er macht die Schwachen stark. Und die vermeintlich Kleinen sind mit einem Mal sehr groß.

Damit aber nicht genug! Der Engel ist noch nicht am Ende. Denn der Zaubertrank, der in Zukunft wunderbare Kraft entfalten wird, könne jetzt bereits getrunken werden, hören die Hirten: Euch ist *heute* die Freude geboren. Und dann lässt der Engel eine Kaskade von Wundertiteln folgen, einen Werbeblock, der nicht aufhören will. Botschaften prasseln dicht aufeinander: »Die Freude trägt einen Namen, und zwar: Heiland, Christus, Herr, geboren in der *Stadt Davids*.« Die Stadt Davids verweist auf Träume und Sehnsüchte, die dieser königliche Name in sich trägt. Zudem lässt er den Leser an den Beginn der Geschichte denken. Denn in der Davidsstadt Bethlehem ist gerade ein Kind zur Welt gekommen. Nur interessiert die dort geborene Sehnsucht keinen, ausgeliefert ist sie und löst in der Umgebung von Josef und Maria keine Freude aus. Die Rede des Engels und die Realität in Bethlehem passen also nicht recht zusammen. Ein Widerspruch:

*"Heiland"*

*"Retter"*

*freude*

dort das im Futtertrog liegende Kind. Und da dieser
Wasserfall an Ehrentiteln,
der aus dem Mund des En-
gels rauscht. Den Worten
des göttlichen Boten zufolge
ist die gerade zur Welt gekommene Hoffnung keines-
wegs machtlos. Sie wird auch
*Heiland* genannt, macht also heil.

Das muss ein Arzt sein, der nie mehr warten
lässt. Wartezimmer werden abgeschafft. Kranke müssen
nicht mehr stehen, sie brauchen nicht mal mehr zu sitzen.
Sofort dürfen sie zum *Retter*, wie er auch genannt wird. Der
*Retter*: Er vereinigt in sich die Künste von Bergwacht, Feuer-
wehr und Katastrophenschutz, ist dort, wo das Leben in den
Abgrund stürzt, Feuersbrünste wüten, Wassermassen ihre
gewöhnlichen Bahnen verlassen. Der Retter aber nennt sich
überdies auch noch *Christus*, was bedeutet: Gesalbter. Könige
wurden gesalbt. Und das Öl, mit dem das geschah, war bestimmt nicht billig, sondern hat wundervoll geduftet. Vielleicht ist es in einer dieser Parfümerien erworben worden, in
denen es spiegelt, glitzert und den Kunden in den Nasen
kitzelt? Salböl lässt sich gut in die Haut massieren. Es pflegt,
entspannt und sorgt für *Wellness*. Womöglich wurde dieser
Christus, der den Hirten laut Engelsbotschaft geboren ist,
nach heutigen Maßstäben sogar durch Wellness-Landschaften, Whirlpools und dampfende Massageräume geschleust.
Es ist eine Pracht, mit der der Engel lockt und für die Freude
werben will. Möglicherweise gilt Weihnachten deshalb auch

als Fest der wohligen Öle, Wässerchen und Sälbchen? Überall entdecke ich in der Adventszeit diese wie Hawaii-Hemden bunten Tüten, in U-Bahnen und Fußgängerzonen, das Utensil für fast jeden Bummel. Oft haben diese Beutel die Handtaschen abgelöst. Verziert sind sie mit den Namen bedeutender Parfümerien.

Aber noch immer ist der Engel mit den Superattributen nicht zu Ende. Denn der wohlriechende Christus, die Freude, die heute geboren ist und zugleich noch kommen wird, trägt überdies auch noch den Namen *Kyrios*, also: Herr. Mit diesem Titel wurde der römische Kaiser angerufen, wenn er in der Öffentlichkeit erschien. Die in der Stadt Davids geborene Hoffnung aber muss ein Anti-Kaiser sein, schließlich will dieser neue Herrscher Menschen nicht registrieren, sondern heilen, retten und in eine große Freude führen.

Jetzt ist der Engel ans Ende all der Königsprädikate gekommen. Nach dem Ankündigungsrausch gilt es, erst mal durchzuatmen. Gelegenheit für Rückschau und ein Resümee: Freude fürs ganze Volk, dazu Ehrentitel, Sehnsüchte, Hoffnungssprüche, Wellness-Landschaften, Kaufhauspracht und eine gerade geborene Gegenmonarchie – all das prasselt innerhalb von Sekundenbruchteilen auf die Hirten ein, die vom Licht geblendet dem Engel lauschen. Der Himmelsbote hat die Freude nicht in Portiönchen aufgeteilt, damit sie therapeutisch sanft in die Herzen der Hirten einsickern. Das Poltern des Engels ist gewaltig. Das wirkt kernig zwischen weihnachtlichem Glanz und Glitter, die auf Dauer auf die Nerven gehen können. Trotz ihres erfrischenden und überraschenden Charakters kann die Botschaft aber auch erschlagen, weil sie übermächtig wirkt. Da ist das grelle Licht, das die Hirten blendet. Es folgt eine Freudenmasse, die so groß ist, dass man Angst bekommen kann, unter ihr begraben zu werden. Viele Ehrentitel schüchtern ein, sie können klein machen. Womöglich, lässt sich folgern, ist für den in der Davidstadt Geborenen bereits ein goldenes Türschild reserviert? Eingraviert ist sein Name, der lautet: Professor Doktor Doktor Riesengroß, Magister ist er, aber auch sehr sportlich, Olympiasieger, und das mehrfach, ein Weltrekordler, dazu auch Meister der Herzen, er hat das Bundesverdienstkreuz erster Klasse verliehen bekommen, es folgt auch noch das Große Bundesverdienstkreuz, niemals wird er schwach, benötigt keine Pause. Anmutig ist er, beliebt in aller Welt, die Autogrammkarten werden stets nachgedruckt. Ein freier Künstler ist er, doch einer, der mit Geschick und Können zu Geld gekommen ist, nicht zu vergessen, er engagiert sich auch ehrenamtlich und ist überaus sozial.

Ehrentitel wirken stark, können aber auch erschlagen. Gehäuft wirken sie mitunter inhaltsleer. Predigthörer kennen das: Christus, Retter, Heiland, Herr – wenn das ungefiltert von den Kanzeln kommt, schaltet man bald ab. Was folgt, ist Schlaf. Natürlich beeindruckt diese Botschaft, aber ein Titelhengst und Superstar kann auch gehörig ärgern. Vor allem, wenn er immer helfen will, stets sauber riecht, ein Hans Dampf in allen Gassen ist, unablässig im Dienst, zugleich Wellness-Papst, erfolgreich und von allererster Güte.

Was also werden die Hirten gedacht haben? Sie schickten sich an, von der Bühne wieder in den Hintergrund zu treten. Alles andere wäre nicht plausibel gewesen. Denn Gott hatte doch alles im Griff: »Was sollen wir da noch im Rampenlicht?« Der Engel aber schien die Zweifel der Hirten zu spüren, reagiert rasant und hält sie auf der Bühne. »Ihr bekommt ein Zeichen!«, ruft er und holt die fast schon abgetretenen Hirten vom Bühnenrand zurück. Mit diesem Zeichen freilich ist kein Beweis gemeint, kein Beleg und auch keine Quittung, kein Abzeichen, das sich als Orden tragen lässt. Es ist nichts Offensichtliches, was der Engel anzubieten hat. Es handelt sich dabei auch nicht um jenes fantastische Zeichen, als einmal der Prophet Jesaja den Lauf der Sonne unterbrach. Der Schattenstrich der Sonnenuhr soll damals zehn Striche zurück gerutscht sein, die Zeit also lief andersherum! Welch eine glorreiche Geste, die den Lauf der Welt durcheinanderbrachte. Den Hirten aber hätte solch ein Zeichen nach all den Wundertönen den Rest gegeben. Der Fingerzeig des Engels war eher das Gegenteil von dem Überschwang, den er zuvor verkündet hatte. Um die Hirten für die Freude zu gewinnen, war es allerdings der entscheidende Trumpf, den der Engel ausspielte. Das Zeichen nämlich ist nichts anderes als – die pure Zeichenlosigkeit.

Der Weihnachtsengel hatte einen vor Aktivität nur so überschäumenden Retter angekündigt, nun fügt er an: *Ihr werdet das Kind finden in Windeln gewickelt, in einer Krippe liegen.* Es ist das Versprechen einer Winzigkeit, die zur Welt gekommene Hoffnung, die keine Heimat findet. Traurig liegt sie im Trog. Der Gesalbte ist ein Kind, das machtlos ist und nicht unbedingt gut riecht. Es ist weder frisch gebadet noch mit Babyöl eingecremt. Von der Krippe aber geht ein Tiergeruch aus, der die Hirten betören und in Bewegung setzen wird. »Der Retter kommt nicht zu euch«, endet die Werbebotschaft des Engels. »Sondern ihr werdet zum Retter rennen.« Der göttliche Held ist auf Hilfe angewiesen, zwar zart, doch nicht in zarter Umgebung liegend. Fremd ist er. Und das ist der Grund, warum er jene, die sich fremd fühlen, zum Laufen bringen wird.

Das Wesen in der Krippe ist winzig, aber viel mächtiger als alle nur gloriose Macht. Denn es ist der Anfang, die Geburt. Im Wagnis, die Sehnsucht trotz allem in die Welt zu lassen, liegt der Zauber. Die Freude der Heiligen Nacht heißt *Beginn*. Der Anfang heilt. Die Hoffnung stirbt zuletzt und höre nie auf anzufangen, sagt der Engel. Das Kind schützt, das schutzbedürftig ist. *Ihr werdet finden,* sagt der Engel: Sucht also nach dem Anfang, dann werdet ihr die Freude entdecken! Wo aber soll ich denn suchen? Nicht nur in der Krippe von Bethlehem ahne ich das Versprechen der Winzigkeit. Es verbirgt sich auch im ersten Schnee, der über Nacht den Boden frisch bezieht. Es kann ein Sandstrand sein, den das Meer glatt gewaschen hat. Die Freude an der Winzigkeit ist der erste Schluck zu trinken, auf den ich mit großem Durst gewartet habe. Der Zauber der Geburt entfaltet sich, wenn der Dirigent den Taktstock hebt und der erste Ton in eine erwartungsvolle Stille klingt. Ein Klang – so unverbraucht, der Anfang einer göttlichen Geschichte. Oder wenn im Fußballstadion nach dem Werbegedröhn der Pfiff des Schiedsrichters ertönt. Die Winzigkeit des Pfiffs im riesigen Stadion macht alles neu. Der Ball beginnt zu rollen und nur noch Menschenstimmen klingen von den Stadionrängen. Vor einem frischgebackenen Kuchen: Der erste Schnitt – er ist kaum sichtbar, eine Kleinigkeit. Doch dann sehe ich zum ersten Mal das verheißungsvolle Innenleben. Welch ein Duft das ist, den er jetzt entfaltet! Den Anfang, der verwandeln kann, finde ich auch am Badesee, wenn er verlassen ist. Das Wasser glatt, wie unberührt. Es scheint zu flüstern: »Tauche ein, beginne!« Und ich gleite aus dem Abend, der kühler wird, in das noch warme Wasser: Es fühlt sich an wie Samt, so weich. Heilig ist die Sommernacht.

# Ein großes Heer singt

## Fantastisches Konzert

> Und alsbald war da bei dem Engel
> die Menge der himmlischen Heer-
> scharen, die lobten Gott und spra-
> chen: Ehre sei Gott in der Höhe und
> Friede auf Erden bei den Menschen
> seines Wohlgefallens.  Lukas 2,13–14

Die Welt des Himmels kommt zu Besuch. Und zwar *alsbald*, urplötzlich also, wie auf ein Stichwort. Der Engel, der die Hirten in die Freude locken will, sagt: »Kaiserkind in der Krippe!« Und sogleich werden aus dem einen Engel viele, ein ganzes Heer. Mit *tausend mal tausend* hat einmal der Prophet Daniel die Stärke des Engelsheeres beziffert. Als er die Zahl schätzte, schwirrten die Engel vor dem Thron Gottes. Jetzt erscheinen sie auf einer von Schafen womöglich so gut wie abgegrasten Weide. Bereits das eine Himmelswesen hatte die Hirten erschüttert, die ins Rampenlicht gesetzt wurden. Nun aber sieht das Hirtenauge nur noch Glänzen. Wolken reißen auf, als ob ein Fensterrollo der Hand entwischt und nach oben saust. Alles wird mit Licht überflutet.

Die schlagartig auftauchende Engelsschar belegt: Der Himmelsmacht scheinen die Ideen nicht auszugehen. Im Rückblick entpuppt es sich als überraschend ausgefeilt, wie die

Freude sich den Hirten vorstellt. Der Engel, der alleine kam, rief für sich genommen schon eine große Angst hervor. Hätte sich das Himmelsheer gleich zu ihm gesellt, wäre die Geschichte vorbei gewesen. Die Hirten, umgehauen von der Wucht des Himmels, wären nicht mehr aufgestanden. Denn wenn das Himmelsglück in ganzer Größe anflutet, beginnen Herzen staccatoartig zu pochen. Die Stärke des gewohnten Schlags wird weit übertroffen – beim Lottogewinn zum Beispiel oder wenn der Lieblingsklub, der auf den Abstiegskampf abonniert zu sein schien, Meister wird. Der Einbruch berückender Momente kann zum Kollaps führen. Also verstecken sich die unzähligen Engel zunächst brav hinter dem Vorhang, um ihren Auftritt abzuwarten. Das Heer der Freude hatte den Engel vorgeschickt, der erfahren ist, göttliche Botschaften zu überbringen. Es peinigt ihn, wenn er Erschrecken auslöst, aber das bringt ihn nicht gleich aus dem Konzept. Schließlich wählt er den richtigen Tonfall für die Hirten: »Nicht riesig, sondern winzig, nicht erschreckend rein, sondern in der Krippe findet ihr die Freude.«

Das Wort *Windel* beruhigt die Hirten – gerade so weit, dass sie der nächsten Lichtflut ins Auge sehen können. Der Vorhang lüftet sich. Und es tritt auf: die Menge der himmlischen Heerscharen. Den Hirten stockt der Atem. Aber Atem hat das Himmelsheer genug: *Ehre sei Gott in der Höhe*, singt es. *Und Friede auf Erden bei den Menschen seines Wohlgefallens*. Die Hirten haben noch immer Pause, brauchen nur zu schauen – was tröstlich ist. Aus der Dunkelheit waren sie ins Rampenlicht gerufen worden, doch Kunststücke müssen sie keine vollführen. Ihnen selbst werden dagegen himmlische Spiele geboten. Wie Kinder schauen die Hirten, vor deren Augen sich abspielt, was sie noch nicht einmal aus Träumen kannten. Der Mund steht offen. Zerstört wird der Zauber nur, wenn Erwachsenenstimmen blöken: »Und? Was sagt man da?« Die Hirten aber brauchen nicht *danke* zu sagen. Das machen schon die Engel, die in Richtung Himmel jubeln und Gott in der Höhe Ehre wünschen.

Übrigens tritt Gott während der gesamten Geschichte nicht auf, man erfährt nur indirekt von ihm. Das überschwängliche Lob der Engel an die göttliche Adresse aber lässt vermuten, dass Gott Lob nicht ungern hat. Er hält Isolation und Einsamkeit nicht für attraktiv, gern hört er Musik. Vielleicht gestaltet er sein Handeln auch bewusst so, dass er Lobestöne findet. Gott genießt Lobhudeleien – nicht anders als die Menschen. Nur soll das Schwärmen begründet sein. Der Herrscher des Himmels will keine erpressten Wahlergebnisse wie in Diktaturen. Klägliche Gesänge aus Mündern, die sich marionettengleich bewegen, sind ihm ein Graus. Der Klangrausch der Engel gefällt ihm sehr! Aber er will noch mehr: Er hat es auf Lobsprüche aus dem Mund der Hirten abgesehen. Gott steht in der Weihnachtsgeschichte im Hintergrund: Das könnte der Grund für die überraschende Idee sein, ausgerechnet die Hirten nach vorne treten zu lassen. Die noch niemals in der ersten Reihe standen, sollen leuchten, das wäre Gottes großes Glück.

Zum Lob gezwungen werden die Hirten aber nicht. Sie sagen auch nichts, singen nicht. Sie können nur staunen, stehen mittendrin im Engelwogen. Von überall her setzen Stimmen ein. Das fühlt sich an wie Springen auf dem Trampolin, wie Kinderhüpfen auf dem Sofa. Wolkengefühle auf der Erde. Das ist wie im Erlebnis- oder auch im Kurschwimmbad, wenn einen unzählige Sprühdüsen unter Wasser durch kurvige Rinnen tragen. Man muss gar nicht schwimmen. Getragen werde ich und denke: Niemals gehe ich mehr unter! Engel feiern auf der Erde Feste.

Eine dieser himmlischen Feiern kündigte sich einmal an, als ein vom Wogen Inspirierter in die Wohnung zog, in der ich ein Zimmer hatte. Mit ihm zusammen gelangte in die Wohngemeinschaft ein Fernseher, der eine extrem kleine Bildfläche hatte. Der WG-Neuling besaß eine ungeheuer große Zahl an Filmen, aber es ging ihm nicht ums Bild. Es war der Klang, der ihn betörte. Schrittweise perfektionierte er das Heimkino – die Bildfläche aber vergrößerte er nie. Der wogende Klang hingegen, der sich zu den Bildern gesellte, hatte freies Spiel. Wir saßen in dem schlauchartigen Zimmer hinten. Weit vorne, an der gegenüberliegenden Wand, konnten wir kaum das Bild erkennen – egal! Wie die Hirten umhüllte uns ein tausendstimmiger Chor. Von überall schienen Raumschiffe heranzusausen, drehten sich um uns, zischten wieder weg. Das war eine Wohnung, in der mit einem Mal alle Sorgen vertrieben waren. Wir schwebten im All, das uns mit Klängen der Unendlichkeit umspielte.

Eine Ahnung vom Gesang der Engel kann man aber auch dort erhalten, wo Menschen singen – und dann zuweilen an Engel erinnern. So hört man in Gemeinden und Gottesdiensten Worte, die an die Beschreibung des Engelgesangs der Weihnachtsgeschichte erinnern: Lasst uns Gott loben und ihn preisen! Es gibt sogar eigens Lobpreisgottesdienste. Was aber ist eigentlich das Engelsgleiche am Preisen? Dass man dabei nicht an sich selber denken muss, glaube ich. Das Loben jedenfalls klingt sehr frei, wenn es nicht mehr darum geht, Gewinne einzuspielen. Stattdessen wird einem anderen ein Preis übergeben, in diesem Fall Gott höchstpersönlich. Er erhält die Kostbarkeit freilich nicht überreicht oder zugesteckt, es ist kein Orden, der angeheftet wird. Der Preis, den Gott erfährt, liegt in der Sache des Preisens selbst. Es ist ein Tönen, das von sich selbst absehen lässt – und gerade dadurch kann man sich heimisch fühlen, ganz bei sich.

Ich war einmal bei solch einem Preisen dabei, das an das Loben aus der Weihnachtsgeschichte erinnert. Platziert war ich in der zweiten Bassstimme eines klassisch-dörflichen Männergesangvereins. Es handelte sich um ein Wetteifern von Gesangvereinen, das nicht mit Pokalen oder anderen Preisen lockte, auch wenn das Treffen von früher her noch *Preissingen* hieß. Vielleicht hatte es diesen Namen sogar aus einer weihnachtlichen Ahnung heraus behalten, dass der beste Preis in der Musik selbst gründet? Aber der Reihe nach: Zunächst übten wir die Stücke über Monate, was nicht ungewöhnlich war. Die hohe Kunst des Dorfvereins bestand nämlich darin, nicht auf Notenblätter schielen zu müssen. Das war auch so bei den Engeln auf dem Feld, die ebenfalls nicht gespickt haben konnten, sonst hätte ihr Auftritt nicht *alsbald* geschehen können. Man stelle sich vor, wie es in einem Engelschor zugegangen wäre, der den Notenblättern gehuldigt hätte. Der Verkündigungsengel sagt das entscheidende Stichwort: »Kaiserkind im Futtertrog!« Wie aber reagieren die himmlischen Heerscharen? Langsam, Stimme um Stimme, stellen sich die Engel auf. Dann wühlt jeder in der Notenmappe: »Welches Stück singen wir noch mal?« Einige jammern, wie ertappt und doch zugleich auf Hilfe hoffend: »Wo ist nur mein Notenblatt? Ich hatte es doch zu Hause eingesteckt!«

Nach einer langen,
nicht näher zu bestim-
menden Zeit legt sich das
Rumoren. Nun versuchen
alle herauszufinden, ob sie
eigentlich den Dirigenten sehen
können. Und erst wenn alle Chormit-
glieder schauen, was manchmal nie geschieht,
kann der Chorleiter den Einsatz geben. So aber war es auf
den Weiden bei Bethlehem nicht! Und so sollte es auch beim
Preissingen nicht sein, bei dem wir mit dem Gesangverein
nach vielen Proben antraten. Alle zehn Minuten wurde ein
neuer Chor auf die Bühne gebeten. Kein Beifall. Nichts. In der
riesigen Stadthalle, in die die Dorfvereine aus der felder-
reichen Gegend rund um das Fachwerkstädtchen eingetroffen
waren, saß so gut wie niemand. Jeder Chor sang nur für sich
selbst, um sodann höchst zufrieden die Halle wieder zu
verlassen. Zwar existierte eine Jury, aber sie bestätigte die
Teilnahme samt eines erläuternden Kommentars nur auf
Papier. Es war ein Preissingen, aber es gab keine Preise –
genau wie bei den Engeln in der Nähe Bethlehems. Sie riefen
ihre Töne in den Himmel und erhielten dafür keinen Lohn.
Ihr Singen war der reine Überfluss, hatte keinen Nutzen, es
gab keine Autogrammwünsche, keine kreischenden Teenies.
Nichts.

Von einem Singen, das keine Preise einheimste, ist sogar einmal ungewollt eine CD entstanden – als Abfallprodukt jener
CD, die ursprünglich geplant war. Auch sie nährt den Ver-
dacht, dass es heute noch ein Loben und Preisen gibt, das an
den Engelsklang von damals erinnert. Auf der CD sollten

Weihnachtslieder zu hören sein, gesungen von Chören jener sich oft Metropole nennenden Stadt, deren beschauliche Geschichten ich gern verfolge. Nicht irgendeine CD sollte es werden. »In den Kaufhäusern wird sie für Furore sorgen«, kündigten die kirchlichen Öffentlichkeitsexperten und Marktforscher mit Vorfreude an. Denn das tradierte Kulturgut würde große Käufergruppen finden. Man war sich sogar sicher, endlich wieder einmal ein Massenpublikum zu erreichen. »Klingt gut«, nickte der sich selbst zum Tonmeister aufschwingende Geräteaufsteller bei der Aufnahme. Er hatte die Mikrofone so dicht an die Chöre gerückt, als ob er Solostimmen entdecken wollte. Später dann sandte die kirchliche Produktionsstätte einen blauen Brief: »Vier Chöre sind durchgefallen. Auch Ihre Kantorei gehört dazu. Es klingt schlecht, ist einfach unverkäuflich.« Als Anhang wurde die Abfall-CD beigefügt – mit den Liedern der Verliererchöre, die nicht adressatenorientiert genug waren. Auf ihr jubilieren Stimmen, die keinen Preis erzielen. Die von den Gewinnerchören gesungene CD wurde zum Verkauf freigegeben. Welche der beiden Scheiben dem Preisen der Engel in der Weihnachtsgeschichte wohl mehr entspricht? Ich habe auf keiner der beiden mitgesungen – nicht dass jemand denkt, ich stelle Vermutungen zu meinen Gunsten an. Die CD, die in Kaufhäusern über den Ladentisch zur Freude kirchlicher Marktstrategen rutscht, klingt jedenfalls schön und ist auch schön verkäuflich. Und selbstverständlich gehören zum Preisen nicht notwendigerweise schiefe Klänge. Andererseits zieht mich die Nutzlosigkeit der Abfallstücke auf engelsgleiche

Weise an. Es handelt sich um einen Klang, der nicht kaufhaustauglich ist.

Auch das Preisen des himmlischen Heeres wurde nach Ende des Konzerts nicht an Verkaufstischen feilgeboten. Nicht einmal eine historische Aufnahme ist geblieben, die in einem Rundfunkarchiv schlummert. Die Engel hatten auch keine kirchlichen Marktstrategen aufgesucht, sie waren schlicht und einfach zu Gast bei Hirten, die hörten. Es war musikalischer Überfluss, geboren für den Augenblick, befreiend, weil er nichts erreichen wollte. Aber ist das denn die Möglichkeit? Hat man nahe Bethlehem wirklich ohne jeden Zweck gesungen? Schließlich handelt es sich, erzählt Lukas, bei den Engeln um ein *Heer*. Und Heerestruppen haben normalerweise immer einen Zweck. Vielleicht hat die Musik dieser himmlischen Militärabteilung nach Marschmusik geklungen? Und hatten die Soldaten unter ihren Uniformen nicht doch Waffen versteckt, um die gefährliche Macht Gottes auf der Erde auszufechten? Nein. Das Himmelsheer singt vom Gegenteil: *Friede auf Erden!* Es muss also ein Friedensheer sein, was eigenartig anmutet. Möglicherweise ist das so zu verstehen, wie es einige Militärminister verkünden: »Wir schaffen Frieden, indem wir Kriege führen, um drohende Kriege zu verhindern.« Denn Heere haben stets ein Ziel, sie helfen wahlweise Leben, Wohlstand, Bürger, Menschenrechte und Demokratie zu sichern. Das ist nicht übel, nur manchmal treffen Soldaten auch daneben – dann trifft es die Falschen, mitten ins Herz hinein, das nicht stärker schlägt, sondern aufhört zu pochen. Und was, wenn nicht die Falschen, sondern schön geplant die Richtigen getroffen werden? Ich weiß nicht genau, ob die, die am Leben bleiben, richtiger sind als jene, die dem Frieden zuliebe sterben mussten, damit wir sicher leben.

Kurzum, das weihnachtliche Himmelsheer ist noch nicht einmal solch ein Friedensheer. Es will nichts sichern, sondern scheint vielmehr ein Antiheer zu sein. Es singt, weil ein Kind geboren ist – in die Unsicherheit hinein. Spuren des weihnachtlichen Heeres sind mitunter in irdischen Militärs zu finden. Auch dort kann es zu eigenartigen Jubelszenen kommen, die an das Preisen der Engel erinnern, das frei von Nutzen ist. Ich erlebte es als kleiner Junge. In den Wald, der vor unserer Haustür lag, waren Soldaten eingefallen. »Ist das ein Manöver?«, fragten wir Kinder uns und folgten ihren Spuren. Bald hatten wir die Uniformträger aufgespürt, die auf einer Lichtung lagerten. Wir warteten. Nichts passierte. Über Stunden. Wir warteten, sie warteten. Es langweilte. Das dachten sich wohl auch die Soldaten, die selber nicht zu wissen schienen, was sie auf dieser Lichtung sollten, wo der Trimm-dich-Pfad eine Kurve drehte, um sodann zu der mit einem hellblauen Schild versehenen nächsten Übungsstation zu führen. Und dann? Die Soldaten zogen ihre Helme ab, die Waffen ruhten längst schon auf dem Boden, dem Kiefernadelteppich. So fingen sie an, sich zu trimmen, indem sie den mit gelben Punkten versehenen Baumstämmen zur nächsten Station folgten. Dort nahmen sie Holzbalken auf, um mit ihnen Figuren in die Luft zu malen. Das war keine Tat, um für einen Krieg zu üben, der Frieden bringen sollte. Die Uniformierten gaben ihrer Spiellust nach. Das Lachen, das vorher tief und kehlig tönte, klang mit einem Mal kindlich hell. Unversehens waren sie zu Verwandten der Engel geworden, die ein Heer bilden, das keine Uniformen trägt. Das Heer des

Himmels spielt, hat Überraschungen parat, entfaltet Sehnsüchte und Träume, die nicht nach dem Nutzen fragen. Wenn der Musterungsbescheid des weihnachtlichen Heeres ins Haus flattert, haben krumme Rücken und Plattfüße beste Chancen. Außerdem Menschen, die nicht gierig nicken, wenn sie 40 Kilometer durch den Morast stiefeln sollen. Wer sich gern anschreien lässt, wird ausgemustert. Und wer nie in den Himmel schaut, wird keinen der Töne treffen, für die die himmlischen Heerscharen berüchtigt sind. Hans-guck-in-die-Luft bekommt einen Ehrenplatz. Kurzhaarfrisuren, über dem Ohr zurechtgestutzt, sind nicht üblich, lange Haare dagegen erlaubt – auch Engelslocken, besonders bei Männern. Wer wagt, dem Schreibtisch und den Bilanzen mit Flügeln der Fantasie auch nur für kurze Zeit davonzufliegen, segelt bereits im Himmelsheer. Dort weht ein frischer Wind, der so viele Dinge bringt, die nichts bringen. Ziellos darf ich durch die Lüfte schweben. Sollen die Armeen der Nützlichkeit doch von unten ihre Befehle rufen und fragen: »Und was kommt bei alledem denn unterm Strich heraus?«

Im Engelheer singen Müßiggänger, die köstliche Ideen finden. Ihr Lied unterwandert den totalen Plan, die Verwertbarkeit, den Zwang, unaufhörlich Lebensziele zu formulieren. Lustig lässt das Himmelsheer die Fahne der Freiheit flattern. *Bildungslücke* ist auf ihr gepinselt. Denn die Lücke gibt auch Luft, kann befreien und auf berauschende Ideen bringen. Niemandem ist mehr peinlich, etwas nicht zu wissen. Im Himmelsheer schweben die, die auf der Mundharmonika blasen und auch gern tanzen. Kunststücke kennen sie, die in keiner Talkshow enden, weil sie talkuntauglich sind. Manche wagen einen Handstand, andere schlagen einen Purzelbaum. Nein, das ist keine *Rolle vorwärts*, deren Name erfunden wurde, um den Schülern vor Augen zu halten: »Im Lehrplan gibt es auch noch eine *Rolle rückwärts* – und auch dafür wird es Noten geben.« In diesem Heer wird der Überschwang nicht in Listen eingetragen. Wer sich wie ein Clown verhält, lacht und auch über sich selber lachen kann, wird mit *eins* gemustert. Wer es in dem ewigen Kampf der Beste sein zu müssen, nicht eine Sprosse nach oben schafft, rast im Engelsheer kometenhaft in den Himmel. Wer gepierct ist oder die Haare in bunten Farben trägt, wer gekleidet ist wie ein Indianer oder Ringe trägt, am besten an jedem Finger einen – sie alle bekommen ein Begrüßungsständchen gesungen. Denn die Boten Gottes dürfen sich schmücken. Sie singen die Ehre zu Gott hinauf und pfeifen auf menschliche Ehren. Und dieses Pfeifen macht lustig.

So feiert das Himmelsheer auf der Erde Feste, die nicht dazu dienen, neue Verträge auszuhandeln oder besondere Aufträge zu ergattern. Geschäftsessen – das gilt den Himmelswesen als Widerspruch. Ihre Essen nämlich sind keine Kulisse für Geschäfte, sondern Feste, die den Zweck haben, keinen Zweck zu haben außer dem, zu schmecken. Das Leben wird gefeiert – und sonst nichts, was eben nichts anderes bedeutet als *Gott loben und ihn preisen*. Manchmal kann das Lied der Leichtigkeit und Freude beginnen, wenn man es am wenigsten erwartet. Etwa wenn jemand unter einer großen Last zusammensackt. »Genug«, ächzt er und trifft den ersten Ton: »Die Uniform, die befiehlt stets zu funktionieren, ziehe ich jetzt aus.«

Gott preisen heißt, den Blick nicht permanent auf eine ohnehin nie zu garantierende Sicherheit zu legen. Der

Bausparvertrag ist ein Lebensziel, doch noch nicht das Leben selbst. Engel bauen keine Häuser aus Stein, die am Ende vielleicht nur auf Sand gebaut sind und versacken. Sie bauen lieber Häuser und Burgen in Sand. Auch Tunnel, durch die Autos tuckern ohne Emissionen. Dazu entstehen Kuchen und Torten, die ihre Form sekundenschnell verändern. Entworfen sind sie für den Augenblick. Engel sind Kinder, die in die Gegenwart versinken können. Ihr Blick ist ziellos, in eine andere Welt gerichtet. Bei den Himmelswesen handelt es sich um Träumer, die den Mut haben, über die Fahrpläne des Lebens hinausschauen. Wer der guten Meinung und all den Zielen, die einen durch das Leben scheuchen, ein Schnippchen schlägt, spürt etwas von dem befreienden Lied, das heißt: Es ist genug. Wer die Muskeln nur ein einziges Mal entspannt, spürt die göttliche Musik im Körper klingen. Menschen wagen auf offener Straße Tänze. Denn das Lied der Engel setzt einen hüpfenden Floh ins Ohr. Nichts wird im Engelsheer befohlen. Es verzaubert mit Musik. Und wer sich verführen lässt, gehört zu den Menschen, an denen Gott Wohlgefallen hat. Sie werden den Frieden finden, lassen sich in die Muße locken, genießen Himmelstage. Das ist ein Sich-Bewegen, nicht um fit zu werden – sondern einfach nur aus Lust. Es ist Preisen, Überfluss, Genuss.

Das Heer des Himmels braucht keine Zugaben zu spielen, ihr Gesang ist von seinem ganzen Wesen her Zugabe. Der Beleg: Der Auftritt des Heeres ist für das Verständnis der Weihnachtsgeschichte eigentlich überflüssig. Die Botschaft vom Kaiserkind war schließlich längst gesprochen, für den Fortgang der Geschichte hätte das genügt. Gott aber geht es nicht um Effektivität, sondern um den Rausch der Lust.

Der Gesang der Abertausende von Engeln ist ein tönendes Leuchten. Ihr Preis ist für Gott und liegt in sich selbst. Engel veranstalten Himmelsspiele. Töne fliegen unbeschreiblich viele Bahnen. Und die Hirten stehen im Gesang. Allerdings: Dass sie mit den Engeln zugleich gesungen haben, davon ist nicht die Rede.

# Aufbruch ins Glück

## Der Anblick des Kindes

Und als die Engel von ihnen gen Himmel fuhren, sprachen die Hirten untereinander: Lasst uns nun gehen nach Bethlehem und die Geschichte sehen, die da geschehen ist, die uns der Herr kundgetan hat. Und sie kamen eilend und fanden beide, Maria und Josef, dazu das Kind in der Krippe liegen. Lukas 2,15–16

Das Engelsheer saust davon und mit ihm verschwindet aller Glanz. Katerstimmung droht. Da ist kein Licht mehr und auch kein Klang – nur die Schafe bleiben. Die Hirten stehen wieder in der Dunkelheit. Das ist wie bei einem großen Fest, das ans Ende kommt. Es droht ein Absturz, der gewaltig ist. Einer nach dem anderen nimmt jetzt Abschied. Statt Gläserklirren nur noch Essensreste und Zigarettenkippen – dazu diese Müdigkeit. Selbst wenn ich lüfte, fühle ich mich nicht erfrischt. Wohl dem, der jetzt eine Spülmaschine hat. Doch die Hirten hatten keine. Jedes Fest kommt an ein Ende, mag der Trommelklang in der Sporthalle auch noch so tönen. Auf den Rängen brennen Wunderkerzen. Gesänge versetzen die Mannschaft in eine Laune, die vor Spielwitz sprüht, sodass das Publikum am Ende Sieger und Verlierer feiert. Aber jetzt sitzt man im Auto. Und auch das Auto sitzt – im Stau. Und morgen sitzt man wieder auf der Arbeit, die

Ekstase ist vorbei. Der Alltag gähnt mit großem Mund, um das Leuchten zu verschlucken. Genauso im Kino: Der Abspann läuft. Einige bleiben noch in den Sesseln sitzen, diese alten Träumer. Irgendwann aber ist Schluss, die Musik reißt ab, der Abspann endet. Was bleibt, sind Popcornreste auf dem Teppichboden.

Wie nur sollen die Hirten angesichts der drohenden Katerstimmung den Frieden finden, von dem die Engel sangen? Sofort stehen selbst ernannte Experten Schlange, die raten: »Genießt, was gewesen ist. Es war unbestreitbar gelungen. Die Musik war herrlich, ein großartiger, ausgesprochen differenzierter Klang. Auch der Sportwettstreit war hübsch anzusehen. Schaut euch im Fernsehen noch einmal die Tore und die schönsten Spielzüge in der Wiederholung an. Aber irgendwann«, und jetzt klingen die Ratgeber leicht genervt, »irgendwann ist Schluss. Wir meinen es doch nur im Guten: Lasst euch vom Überschwang nicht überwältigen. Wer zu sehr feiert, fällt hinterher nur in Katzenjammer. Und wer auf Frieden in dunklen Zeiten hofft, will einfach zu viel. Das ist doch nicht realistisch.«

Und es stimmte ja auch, mussten die Hirten zugeben. Auf kein einziges Wort der Engel gab es Garantie. Sie hatten von einem Friedensbringer gesungen, der an einer Windel zu erkennen ist: eine verrückte, lichthelle Geschichte. Worte und Klänge waren das, noch nie gehört, eine göttliche Werbung, die Verlangen sät und die Sehnsucht zum Pulsieren bringt. Aber es war nur eine Geschichte, Melodien und Worte, mehr nicht. Natürlich, frech war es dem Himmel gelungen, in den Alltag ein Glänzen einzufädeln. Aber bei der Schwärze der wiedergekehrten Nacht betrachtet hatten die Hirten nichts in ihren Händen, keinen Beweis dafür, dass es sich bei dem Besuch der Engel um mehr als ein zeitlich limitiertes Kulturvergnügen handelte, er wirklich Spuren auf der Erde hinterlassen könnte. Also, bei aller Vernunft und unterm Strich: Es galt das Buch, diese seltsame Geschichte, zuzuklappen.

Die Hirten jedoch konnten ihre Begeisterung nicht mehr zügeln. Das Konzert der Engel war für sie kein Opium gewesen, das das Wünschen beruhigt, damit es am nächsten Morgen weitergeht wie stets zuvor. Kein einziges Notenblatt hatten die Himmelsboten von ihrem Gesang bei den Schafen gelassen, nicht eine Spur war zurückgeblieben. Doch die Töne, die noch immer in den Köpfen der Hirten tanzten, konnte keine Stimme der Vernunft zum Schweigen bringen. Und wenn der Ruf der Engel nicht gestorben ist, dann lebt er auch noch heute. »Noch einmal! Noch einmal!«, betteln Kinder wie Hirten, wenn sie eine bestimmte Geschichte wieder hören wollen. Kein Wort darf verändert werden, denn Geschichten sind für Kinder Wirklichkeit. Es sind Gefährten, die sein können wie eine große Schwester oder wie der große Bruder. Alles wird ihnen zugetraut. Wenn ihre ersten Worte ertönen, haben sie ihr Zelt auf der Erde aufgeschlagen. Es handelt sich dabei um einen Kinderzauber, der auch Erwachsene betören kann. Auch ihnen gelingt es manchmal nicht, das Buch von ihren Augen wegzuziehen. Lesend wandern sie in eine Welt, die tröstet – weit mehr als der Schlaf, den man dem nächsten Arbeitsmorgen vernünftigerweise gönnen sollte. So waren auch die Hirten von der Macht der gehörten Geschichte angezogen, sie konnten sie nicht zu den Akten legen.

Diese Kraft ist auch in Gottesdiensten zu spüren. Die Figuren, die bei Lesungen der Bibel gleichsam auferstehen, verhalten sich zuweilen seltsam, sprechen etwas um die Ecke, tanzen nach einem ganz eigenen Rhythmus. Das Erzählte freilich kann erfrischen, wirkt auf mich oftmals anders als die Schwergewichte, die der Mensch im Talar im Anschluss an die Lesungen in die Höhe stemmt. Wortlos, mit ernsten Gesichtern scheinen die Besucher zu bestätigen, wie bedeutungsschwer und ernst das ist, was im Gottesdienst geschieht. Überraschend schräg wirken auf mich jedoch die Worte der Bibel. Nicht alles verstehe ich, was mich eher belebt, manchmal gar erregt. Mich bedrücken eher Menschen, die auf alles eine Antwort haben. Die Unerklärlichkeiten der Bibel dagegen können erleichtern. Sie sind für mich wie das Licht, das in eine Welt einfällt, in der alles verständlich zu sein hat. Doch mit den Lesungen im Gottesdienst ist für mich nicht Schluss. Es handelt sich bei ihnen nämlich nicht um Worte, die nach dem Erklingen wieder ins Archiv eingelagert werden. Nein, ich will wie die Hirten die gehörte Geschichte sehen, spüren und erleben. So setze ich mich in der Kirchenbank nicht zu Ruhe, sondern stehe auf und gehe. In der Nähe des Altars schmecke ich Geheimnisvolles. Da ist eine Speise, Brot, und auf der Zunge Weingeschmack – all das wird nicht erläutert, nur mit Worten angekündigt, die so stark und eigenartig sind, dass sie für mich das zuvor Gehörte auf zauberhafte Weise wirklich werden lassen.

Auch am Kiosk bleiben Worte nicht nur Worte, sondern können sichtbar und schmackhaft werden. So erleben es viele Kinder. Noch ist Unterricht, und doch flüstern sie einander erwartungsvoll Geschichten zu über all die Herrlichkeiten, die sie gleich in Händen halten wollen. Die Schulglocke ertönt, sie rennen zum Kiosk. Dann liegen auf Kinderzungen Colafläschchen, Brausebonbons und Schnecken aus Lakritz. Sie beweisen: Die Welt der Süße ist nicht nur geträumt. Auch die Hirten hofften, dass die von ihnen gehörte Lichtgeschichte und deren verheißungsvolle Süße mit dem Verschwinden der Engel nicht zu Ende war. Der Spruch vom Frieden inmitten der Dunkelheit klang in ihnen nach. »Zugabe! Zugabe!«, riefen also die Hirten den in den Himmel davongesausten Engeln hinterher. Sie aber schienen genug zu haben, waren längst von der Bühne verschwunden, in der Garderobe, oder auf dem Weg ins Hotel. Da entschieden die Hirten, die bislang nur Publikum waren, sich die Zugabe selbst zu geben.

Aufgeregt sind die Hirten, wunderbar erklingt ihre Nervosität in der Weihnachtsgeschichte. *Elaloun allelous* heißt es auf Griechisch, was überhaupt nicht übersetzt zu werden braucht, weil bereits diese beiden Worte – laut gesprochen – die Erregung hörbar macht. Die Stimmen der Hirten lallen gleichsam, *elaloun allelous*, sie stottern aufgeregt und fiebrig. Nichts ist von Katerstimmung zu spüren, wenn sie nacheinander, durcheinander, ineinander rufen: *Lasst uns doch gehen nach Bethlehem und die Geschichte sehen, die der Herr uns bekannt gemacht hat.* Die Geschichte ist nicht beendet, sie beginnt. »Jetzt geht's los!«, hallt es von den Rängen, wenn die Fans kaum mehr Hoffnung haben, vom Anschlusstreffer der eigenen Mannschaft überrascht zu werden. Auch die Hirten, die von den Engeln in die Weihnachtsgeschichte gleichsam eingewechselt wurden, ermuntern sich: »Jetzt geht die Geschichte erst richtig los!« Auf der Verliererstraße waren sie, ohne Unterkunft, heimisch nur in der Nacht. Nun sind sie erwartungsvoll, aber auch nervös, sie wissen nicht: »Welches Tempo sollen wir denn wählen? Und wird die Hoffnung uns auch bei schweren Beinen tragen?«

Wer sich wie die Hirten auf den Weg begibt, braucht sich der Nervosität nicht zu schämen. Sie schlägt Kapriolen. Das ist wie beim Musikvorspiel, beim Live-Auftritt, vor einer Prüfung – oder wenn gleich der Umzugswagen kommt, um einen in die neue Stadt zu bringen. Selbst vor dem Start völlig unbedeutender Volksläufe klopft das Herz, im Hals steckt ein Kloß. Im Magen grummelt es. Auch erfahrene Wettkampfläufer wirken fahrig. Dazu benebeln einen die Düfte verschiedener Muskeltonics, die in die Beinmuskeln eingerieben sind. *Elaloun allelous* – erregt palavern die Hirten vor dem Start durcheinander: »Lasst uns gehen! Lasst uns gehen!«

Der Start aber ist schwierig. Schon beim Wandern lässt sich das erleben. Das Auto hält am Waldparkplatz. Jetzt gilt es auszusteigen, um in der Kälte loszulaufen. Dazu läuft die Frage mit: Wird man das Ziel finden? Die Hirten haben kein GPS-System, noch nicht mal eine Wanderkarte, nur ein Hinweis: *Gewickelt ist das Kind in Windeln, es liegt in einer Krippe,* haben die Engel gesagt. Als ob es in der Gegend um Bethlehem nicht Hunderte von Futterstellen für Tiere gäbe! Präzise ist dieser Hinweis nicht. Die Hirten machen sich untereinander Mut, sie feuern sich an. Die Arme legen sie sich auf die Schultern, wie eine Spielertraube vor dem Anpfiff stehen sie im Kreis, stampfen in den Rasen und rufen: »Wir wollen die Geschichte sehen!« Die Spielertraube löst sich auf, einige treten kurz an zu einem Sprint, andere hüpfen in die Luft, lockern die Beine. Dann klatschen sie sich mit den Händen ab: »Lasst uns rennen!« Endlich wird angepfiffen, der Ball rollt. Und die Hirten brechen von ihren Weiden auf in die Nacht hinein, um zu suchen und zu finden den Frieden, den ihnen die Engel angekündigt haben.

Die Nomaden der Nacht lassen alles hinter sich. Die kreisenden, unruhigen Gedanken und die sorgenvollen Fragen: »Was passiert, wenn die Wölfe nach den Schafen schielen? Werden unsere Hunde das alleine schaffen?« Für eine Nacht haben die Sorgen keine Macht. Es ist befreiend, endlich einmal nur an sich zu denken: Jetzt bin ich wichtig! Und der Friede, der gefunden werden soll. Die Hirten haben dank der Engel eine Spur. Da sind allerdings keine Wegmarkierungen, auch sind keine Pfeile aus Sägemehl auf den Waldboden gestreut, die die Richtung weisen. Vor Irrwegen und Gruben ist kein rot-weißes Band gespannt. Die Suche der Hirten erinnert an ein Wandern, bei dem man ratlos werden kann. Die Zeichen, das rote Kreuz oder die blaue Raute etwa, sucht man oft vergeblich. Immer wieder kommen die Hirten ins Rätseln, es macht sie nicht gerade sicher. Aber vielleicht kann es gar nicht anders sein? Denn sie haben einen anderen Weg als den eingeschlagen, den die Steuerschätzung des Augustus befahl. Der war eindeutig, ein Kommando und kein Versprechen. Das Ziel des Augustus ist ein fauler Frieden, ein Leben, das nach den Interessen anderer geführt werden soll. Die Hirten jedoch lassen sich lieber vom Glanz einer Geschichte leiten. Sie lockt, allem Suchen zum Trotz, nicht aufzugeben, treibt immer weiter an. Nichts haben sie in der Hand, nur eine Geschichte im Ohr, die sie erleben wollen.

Und noch immer hört die Weihnachtsgeschichte nicht auf, Überraschungen aufzutischen. Denn trotz Unsicherheit und Dunkelheit rennen die Hirten, sie eilen, heißt es. Womöglich treibt es sie sogar auch an, dass sie den Weg selber finden müssen? Der Frieden der Heiligen Nacht wird nämlich nicht auf dem Tablett serviert. Man muss sich stattdessen auf den Weg begeben und selber forschen. So rennen die Hirten begeistert weiter, im Herzen die Engelsbotschaft von der lösenden Freude, die sie erleben wollen.

An den Weggabelungen allerdings stehen wieder die selbst ernannten Ratgeber, die flüstern: »Wie kannst du einer Geschichte trauen? Wie wagst du es, die Schafe, deinen Alltag, auch nur für eine Nacht allein zu lassen? Wie kannst du deiner inneren Stimme trauen? *Wie kannst du nur* – das darfst du nicht – halte dich doch an die Fakten: Hast du jemals schon ein Kind gesehen, das Frieden bringt und stärker ist als alle Militärs der Welt?« Wie kannst du nur – das sind die Worte, mit denen falsche Berater in die angeblich richtige Richtung weisen. In Wahrheit aber wollen sie nur zurückweisen in eine Schläfrigkeit, in der das Wünschen verboten ist.

Wer auf die Suche geht, um an ein wunderbares Ziel zu gelangen, ist vor Irrwegen nicht sicher, sie gehören dazu. Das habe ich als Kind bei einer Schnitzeljagd erfahren. Wir versuchten, die anderen einzuholen, die ihren Weg mit Pfeilen aus Kreidestrichen markierten. Wir rannten – bestimmt nicht weniger schnell als die Hirten in der Heiligen Nacht. Pfeilverästelungen warteten an fast jeder Ecke.

Wir folgten den verschiedenen Wegen probeweise. Hatten wir den nächsten Pfeil gefunden, wussten wir: »Wir sind richtig.« Kurz vor Schluss wieder eine Gabelung. Zum Glück fanden wir ein paar Schritte weiter schon den Folgepfeil: »Vielleicht schaffen wir es, die anderen noch einzuholen!« Wir rannten, suchten, fanden nichts. Rannten trotzdem weiter, noch immer nichts. »Aber der Pfeil hatte doch ganz klar den Weg gewiesen?!« Endlich hörten wir auf, der Einflüsterung eines nur vermeintlich richtigen Weges zu gehorchen. So schlichen wir den Weg bis zur letzten Verästelung zurück und wagten es, in die andere Richtung zu gehen.

Und tatsächlich: Da war es, das Ziel, die Eisdiele, an der die Pfeilzeichner an bunten Kugeln schleckten und raffiniert lächelten. Erleichtert schlenderten wir, nun ebenfalls eine Eiswaffel in der Hand, weiter zu dem in der gleichen Straße gelegenen und unter uns Kindern verheißungsvollsten Fenster des Ortes. Da stellten wir uns nach all dem Irren und Suchen auf, fuhren mit der Zunge an den Eisbällchen entlang und schauten – sonst nichts. Wir sahen all die Geschichten, die wir kaum zu träumen wagten. Im Schaufenster des Spielwarengeschäftes vor uns lagen Indianerfiguren, Puppen, Matchboxautos, Bausätze für Gebirgshäuser und Bahnhöfe – und eine Eisenbahn, die in der Runde fuhr.

Allen Einflüsterungen und Umwegen zum Trotz kommen auch die Hirten ans Ziel. Dem Gesang der Engel haben sie getraut, sind aufgebrochen ins versprochene Glück. Und tatsächlich, da steht die Krippe! Sie treten näher, wie Kinder ins Weihnachtszimmer, die fast stolpern, weil alles mit einem Mal anders ist, sie ein Licht sehen, das in der Dunkelheit eine eigenartig weiche Macht entfaltet. Auch die Augen der Hirten glänzen – wie das sonst vielleicht nur noch an Freitagabenden auf Bahnsteigen zu entdecken ist. Züge fahren ein. Menschen

Aufbruch ins Glück    Der Anblick des Kindes

recken Hälse. Und dann rennen sie, die lange saßen und warteten. Die Liebenden umarmen sich. Allerdings verhält es sich bei den Hirten anders, weil sie das Kind nicht kennen. Sie wissen nicht, ob sie es umarmen sollen. Es ist gleichsam ein *Blind Date*, das sie erwartet, weil sie von dem Kind bislang nur gehört haben. Aber so gern würden sie sich einmal verlieben. Die Hirten also öffnen die Tür zum verabredeten Lokal, in dem das *Blind Date* wartet. Aber da sitzt niemand mit einer Rose als Erkennungszeichen in der Hand – und blitzartig wird ihnen klar: Dieses Rendezvous ist überhaupt kein *Blind Date* mehr, alle Blindheit ist weg. Denn sie sehen die Krippe und das Zeichen, die Windel, von der die Engel sprachen.

Im Futtertrog schimmert kein Reichtum. Trotzdem finden die Hirten und fühlen sich gefunden. Ihr werdet Gott, sagte der Engel, in Hütten und nicht in Palästen entdecken. Die Hirten freuen sich, denn sie wissen jetzt: Geschichten schwindeln nicht. Die Engel sangen nicht, um die Hirten ruhig zu stellen. Das waren keine Versprechen, die in ein Traumreich locken, um die Wirklichkeit weichzuspülen. Nein, inmitten der Armseligkeit glüht die Freude auf. Großes Engelslicht begeisterte die Hirten und brachte sie zum Suchen. Den Frieden indessen finden sie genau in dem Moment, da sie das Zeichen sehen, das nur von innen, doch heller als die Sonne leuchtet. Es ist der Protest, ein Wagnis gegenüber den stumm machenden Ansprüchen der Ordnungskräfte, denen zufolge alles immer so sein soll, wie es schon immer war. Es ist das Kind, eine Sehnsucht, die zur Welt kam, auch wenn sie keine Heimat fand. Ungeborgen droht das Kind zu verkümmern. Die Hirten aber fühlen sich bei ihm sehr gut aufgehoben. Denn an der

Krippe steht niemand und prahlt: »Keine Probleme. Bei mir läuft's wie immer rund.« Das Kind schreit, und die Eltern sind bestimmt nicht unterfordert. Wo sollen sie die Windeln waschen? Auch die Hirten wissen keine Lösung. Eine feine Gesellschaft hat sich da versammelt. Dafür aber haben die Menschen, die stets Bescheid wissen, in der Heiligen Nacht endlich einmal Sendepause. Welch ein Frieden. Und inmitten der Armut, im Futtertrog, scheint ein Glanz auf, der tröstet. Aber das ist nur der Anfang. Denn wie wird es erst leuchten, wenn sich die in der Krippe liegende Hoffnung erheben wird, um als Retter aufzutreten. Dann werden die Schmerzen verschlungen für immer.

# Es gibt kein Umsonst
## Der Glückwunsch der Hirten

> Als sie es aber gesehen hatten, breiteten sie das Wort aus, das zu ihnen von diesem Kinde gesagt war. Und alle, vor die es kam, wunderten sich über das, was ihnen die Hirten gesagt hatten. Maria aber behielt alle diese Worte und bewegte sie in ihrem Herzen. Lukas 2,17–19

Es ist merkwürdig. Die Weihnachtsgeschichte ist länger schon in Gang, nur wird man die Frage nicht los, ob Weihnachten eigentlich nun wirklich schon geschehen ist. Die Hirten haben das Kind gefunden!

Eine richtige Bescherung aber ist das nicht, wenigstens nicht für die Heilige Familie, die sich überhaupt nicht heilig fühlt. Vor einigen Monaten war Maria von einem Engel besucht worden, eine Spur des Himmels, es war die Ankündigung eines Kindes. In der jetzigen Armseligkeit allerdings erscheint der Mutter dieser Besuch unwirklich, längst vergangen. Auch nicht sonderlich weihnachtlich kommt es Maria und Josef vor, als in der Nacht keuchende, verschwitzte Hirten mit glänzenden Augen und roten Gesichtern vor die Krippe treten. Die Eltern wussten schließlich nicht, was die Hirten auf den Feldern erfahren hatten.

Zwei Geschichten spielen in der Weihnachtserzählung nebeneinander, sind aber voneinander getrennt, das ist das Raffinierte. Die Hirten erleben Engel, sehen aber kein Kind. Maria und Josef sind bei dem Kind, hören aber nicht eine Stimme der Abertausend Engel. Beide Geschichten sind allerdings auch nicht völlig voneinander isoliert, sie verweisen aufeinander. Die *Stadt Davids* wird zweimal erwähnt, und zwar in beiden Erzählsträngen: Bei Marias und Josefs Wanderung nach Bethlehem und auch vom Verkündigungsengel auf dem Feld. Die Leser ahnen einen Zusammenhang, nicht aber Maria und Josef. Sie haben ein Kind, dafür keine Freudenbotschaft. Umgekehrt bei den Hirten: Sie hören die Ankündigung der Freude, kennen aber nicht das Kind.

Es ist, als ob der Erzähler Lukas zwei Bühnen aufgebaut hätte, die eng beieinander liegen. Getrennt sind sie von einer teilweise durchlässigen Wand: Etwas von der Gegenseite lässt sich erahnen, aber alles wird nicht verraten. Diese Bühnenanordnung gibt es wirklich! Ich habe sie bei einem Theaterstück gesehen. Am Fluss war ein Zelt aufgebaut, in dem eine französische Truppe spielte. Schon die Eintrittskarten waren besonders, die eine Hälfte rot, die andere blau.

Das Theaterzelt wurde von einer Bühne geteilt, die in der Mitte des Zeltes positioniert war. Auf der Bühne, um die Trennung der beiden Hälften zu verstärken, war eine Kulissenwand positioniert. Die Zuschauer saßen einander auf Tribünen gegenüber, nur konnten sie sich kaum sehen. Ich saß auf Tribüne blau und verfolgte auf meiner Bühnenhälfte ein Stück, das in einem Restaurant spielte. Durch die in der Kulisse eingebauten Öffnungen, eine Küchentür und zwei Fenster, konnte ich ab und zu etwas von der anderen Seite erhaschen. Dort drüben, in der Küche, spielte vor Tribüne rot Stück zwei. Die Schauspieler agierten aber in beiden

Stücken, indem sie zwischen beiden Bühnen wechselten –
mit Tellern, Besteck und Servietten in der Hand, mit Wein-
flaschen und Speisen. Ich goutierte meine Restaurantge-
schichte, die aufregend und lustig war. Zugleich begann ich
mich nach der Küchengeschichte zu sehnen, weil ich auf der
gegenüberliegenden Tribüne immer wieder Lachen hörte,
das durch die Öffnungen der Restaurant- und Kulissenwand
zu mir drang. Ich ahnte etwas von Stück zwei, sah vollständig
aber nur Stück eins. Pause. Die Zuschauer wechselten die
Plätze. Das Stück begann erneut, sodass ich nun endlich die
Küchengeschichte sah. Ich lachte und wusste, weshalb zuvor
gelacht wurde. Gleichzeitig hörte ich Gelächter von drüben
und erinnerte mich, worüber ich vor der Pause geschmun-
zelt hatte. Es war betörend, wie beide Geschichten immer
weiter zueinander fanden und sich erhellten.

Die Weihnachtsgeschichte des Lukas ähnelt dem Stück im
Zelt. Erzählung eins und zwei gehören zusammen, spielen
aber auf zwei lange voneinander getrennten Bühnen. Man
ahnt etwas von der anderen Seite, sicher ist man sich nicht.
Der Ruf der Engel für sich genommen: Kein Weihnachten. Die
Geburt des Kindes für sich genommen: kein Weihnachten.
Die Pointe: Beide Geschichten sind aufeinander angewiesen,
sie müssen zueinander finden und sich erhellen. Dann ist
Weihnachten.

Bei Krippendarstellungen geschieht oft alles parallel, man
sieht die Engel um die Krippe schweben. In der Geschichte
des Lukas aber wissen Maria und Josef nichts von Engeln,
sind trotz geglückter Geburt enttäuscht. Von den Bewohnern
Bethlehems sind sie zurückgewiesen worden. Alles umsonst!
Wenn es so weit gekommen ist, braucht man sich nicht mehr

um Manieren kümmern. Eigentlich gehört es sich nämlich, ein neugeborenes Kind anzukündigen. Karten sollen versendet werden. Direkt nach der Geburt lässt sich im Internet eine Nachricht platzieren, dazu ein erstes Foto. Maria und Josef tun es nicht. Das Kind ist zwar geboren, der Futtertrog als Bildhintergrund aber wirkt nicht gerade vorzeigbar. Außerdem hatte Josef keine digitale Kamera dabei. Nirgendwo steht eine Waage, um das Geburtsgewicht des Kindes festzustellen. Bis heute ist Jesus das einzige Baby in meinem Bekanntenkreis, von dem kein Gewicht festgehalten ist. Die nicht registrierte Grammzahl – ein Skandal! Aber warum sollten die Eltern denen, die sie ausgesperrt hatten, auch die Geburt anzeigen? Nicht mal eine Besenkammer hatten die Verwandten angeboten. Was würden sie mit einer Karte anderes tun, als sie achselzuckend in den Papierkorb zu werfen? Und eine elektronische Nachricht von Josef würden sie sowieso nicht öffnen, weil man vor Viren nie sicher sein kann.

Natürlich hätte Josef auch durch Bethlehem gehen und an die Türen klopfen können: »Das Kind ist da!« Allerdings ist es schwer, Werbung in eigener Sache zu machen, fühle ich Josef und Maria nach. Mir gefällt, was ich tue, sonst würde ich es nicht tun. Mit einer Idee bin ich schwanger gegangen. Und dann? Das Werk ist geboren, erschöpft bin ich, aber zufrieden. Manchmal sagt niemand etwas, keiner gratuliert. Da ist etwa dieser Kuchen, den ich für ein Fest gebacken habe. Der Hefeteig ist angerührt, er löst sich von der Hand, ist durchgeknetet, ruht. Er geht. Und geht und geht nun immer weiter auf. Jetzt ist er ausgerollt, ich belege mit ihm das Blech und ihn wiederum mit Äpfeln, direkt vom Baum gepflückt. Dieser

Kuchen ist ein Wunschkind. Mit Vorfreude hatte der Gastgeber ihn erbeten. Wie frisch er riecht, kurz nach der Geburt! Am liebsten würde ich sofort zu essen beginnen. Aber seinen Auftritt soll er erst in wenigen Stunden haben. Auf dem Fest jedoch entdecke ich: So gut wie niemand nimmt ein Stück. Keiner freut sich über ihn, diesen eben zur Welt gekommenen Hefekuchen. Es ist zu viel auf dem Büffet. Fast unversehrt nehme ich ihn mit nach Hause. Am Tag danach aber hat ein Hefekuchen seine Frische verloren.

Umsonst schien auch ein anderes Werk: Meine kaum zu bändigende, fast kunterbunt zu nennende Sehnsucht hatte ich zu Papier gebracht. Dann, zwanzig Monate nach der Zeugung, war die Geburt erfolgt. Mein Buch, vollgepackt mit Hoffnung, stand im Regal der Buchhandlung. Von nun an hatte ich ein zusätzliches Tätigkeitsfeld. Selbstverständlich nur ganz und gar zufällig spazierte ich zwischen Regalen und Buchstapeln umher und schaute, wie es denn einem gewissen grünen Buch ergeht. Über Wochen verringerten sich die Exemplare meines Werkes kaum, die Kunden stöberten anderswo. Endlich aber kam meine Spionagetätigkeit ans Ziel. Ja! Da war jemand, der nach dem Buch griff, auf den Einband schaute. Gleich würde es geschehen! Und wirklich: Er blätterte in das Buch hinein und – schüttelte den Kopf, legte das Sehnsuchtswerk zurück. Und ich lief dem potenziellen Käufer meiner Sehnsucht nicht nach, um ihn wortreich zu stellen und drängend zu erklären, dass ich, der Autor höchstpersönlich, dieses Buch zur Freude der Menschen und – damit doch wohl auch zu seiner Freude – zu Papier gebracht habe!

Meine Zurückhaltung könnte in dem begründet liegen, was viele Menschen, nicht zuletzt auch Josef und Maria erleben.

Weil sie Abwehr erfahren, sinkt der Mut, die Freude herauszurufen. So bleibt die in die Welt gelassene Sehnsucht oft unerkannt. Der Erzähler Lukas lässt Maria und Josef in der Weihnachtsgeschichte nichts sprechen, kein einziges Wort. Dabei sind sie dem Retter, der zur großen Freude werden soll, am nächsten! Aber sie sind überfordert, weil sie keinen Unterschlupf gefunden haben. Alles ist umsonst. Aber dann: Mitten in der Nacht wird ihnen der fehlende Teil der Geschichte gebracht. Die Hirten kommen und erklären den Hauptpersonen, dass sie die Hauptpersonen sind. Denn die Schafhüter sind von Schauplatz zwei zu Schauplatz eins gerannt, um das auf der anderen Bühne Erlebte mitzuteilen. Die Engelsbotschaft ohne das Kind ist unwirklich. Die Geburt ohne die Engelsbotschaft wiederum ist traurig. Beide Puzzle-Teile müssen zueinander finden. Die Hirten legen sie aneinander – und die Nacht wird heilig. Maria und Josef brauchen keine Geburtsanzeige verschicken, sie erhalten selber eine. Sie müssen keine klugen, angemessenen oder witzigen Worte suchen, um die Adressaten zu erfreuen. Die Hirten erzählen stattdessen den Eltern, wozu das Kind taugt. So befreien sie Josef und Maria davon, ihr eigenes Kind ins rechte Licht rücken zu müssen.

Schließlich scheint es so etwas wie eine Pflicht für Eltern zu geben, den Sprössling zu rühmen: im Supermarkt, auf der Straße, bei Elternabenden. »Wir sind stolz. Unser Kind ist klug, sportlich unter den Besten und verfügt auch über eine künstlerische Ader.« Und wenn Lehrer falsche Noten geben? Dann kann nachgewiesen werden, was der wahre Grund ist, dass das Kind nur eine Zwei oder sogar eine Drei bekommen hat. Für Jesu Eltern aber war es nicht möglich, mit ihrer Geburt unter freiem Himmel anzugeben. Wie hätten sie denn dieses Ereignis in einem Weihnachtsrundbrief an Familie und Freunde wohlklingend verpacken sollen? Ein Grund zum Schämen ist ihre Lage – genau wie bei jener Mutter, von der ich in der Zeitung lese: Ihr Kind ist auf dem U-Bahnsteig geboren worden. Die Wehen hatten heftig eingesetzt, auf der Rolltreppe, die sich abwärts bewegte. Von der Mutter war nichts zu erfahren, nur dass sie auf keinen Fall ihren Namen in der Zeitung lesen wollte. Das lässt sich nachvollziehen. Denn eine Geburt außerhalb jeder Herberge ist nicht besonders anerkannt. Dazu stelle ich mir die Reisenden vor, die nur mal sehen wollen, wohin die Sanitäter die Decken tragen. Bei Maria aber gab es noch nicht einmal Decken und auch keine Sanitäter. Es kamen aber Hirten, die sagten: »Hier liegt das Kind, das uns von aller Scham befreien wird.«

Was umsonst geboren schien, erscheint in neuem Licht. Die Hirten erzählen von dem Himmelsglück, das sie hörten, diesem fantastischen Konzert. Das Glück jedoch entfaltet sich in seiner grenzenlosen Freude erst jetzt, in dieser vergeblich-kläglichen Alltäglichkeit. Keine Mutter- und Kindgruppe gibt es weit und breit für Jesus und Maria. Es war Weihnachten, aber einen Kinderwagen konnten die Eltern sich nicht gönnen. Auch keinen Kindersitz fürs Auto, obwohl das doch verboten ist, Kinder ohne Kindersitz durch die Gegend zu fahren. Oder könnte es sogar sein, dass Maria und Josef überhaupt kein Auto hatten? Eine Familie

Unser Kind

Jesus ist geboren!

Maria & Josef

ohne Auto? Das scheint unmöglich zu sein, aber ich muss korrekt sein, bin dem biblischen Text gegenüber verpflichtet: Der Evangelist lässt die Frage eines Fahrzeugs offen. Das heißt natürlich, um die historischen Umstände genau zu fassen, da es damals keine Autos gab: Es ist noch nicht einmal von einem Esel die Rede, der Maria trug. Diese Familie besaß womöglich kein einziges Transportmittel für ihre müden Glieder, von dem heute gängigen Zweitauto beziehungsweise Zweitesel ganz zu schweigen.

Damit sind es wirklich Ausgestoßene, die von den heranrennenden, also ebenfalls nicht Auto fahrenden Hirten entdeckt werden. Abseitige finden sich, um inmitten ihrer Verlorenheit das Kind zu feiern. Und die Vergeblichkeit? In ihr kann der Keim der Hoffnung liegen. Aussichtslos schien es auch, als ich am Ende eines langen beruflichen Weges in einer Sackgasse gelandet war. Manchmal aber findet man in dem Sack, in den man gesteckt wird, ein Loch ins Freie, einen Pfad, der sich nur deshalb zeigt, weil es zuvor nicht weitergegangen ist. Wäre ich sonst auf die Idee gekommen, das Erzählen zum Beruf zu machen? Diese Idee hatte ich nie bewusst verfolgt, nicht als Schüler, auch nicht als Student, auch nicht in der Ausbildung zum Pfarrer. Die Beraterin auf dem Arbeitsamt jedoch, die in der amtlichen Kaffeehochburg eine Kanne Tee kochte, fragte: »Gibt es denn überhaupt nichts? Können Sie nicht noch irgendetwas anderes?« Briefeschreiben fiel mir ein, da ich sonst auf keine Idee kam. Das sei allerdings früher gewesen. »Dann versuchen Sie, ohne direkte Anrede zu schreiben.« Da hatte ich in der Vergeblichkeit ein Schlupfloch gefunden. Mit den von mir entworfenen Wortfolgen ließ ich Redaktionen und Verlage kaum zur Ruhe

kommen. Sie reagierten neugierig, reserviert, manchmal ratlos. Einiges druckten sie. Viele aber schickten mich weg, sehr
irritiert. Da stand ich wieder vor verschlossener Tür. Allerdings: Ich lachte, wusste ich doch, ich hoffte es: Meine Wort-
arrangements werden wiederkommen. Denn Worte, aus
Sehnsucht geboren, finden ihren Weg auch durch Türritzen
und Schlüssellöcher.

Umsonst schien auch jener Sommer, in dem kein Urlaub
möglich war. Doch alles sah mit einem Mal anders aus. Wir
wanderten in einen Sommer, den ich bislang nicht kannte.
Mit dem Fahrrad fanden wir den See. Und abends? Da erlebten wir gastronomische Überraschungen, die wir früher
nie ausprobierten, weil wir das Vergnügen bislang stets auf
den Urlaub verschoben hatten. *Es gibt kein Umsonst* – so
lässt sich der Besuch der Hirten bei der Krippe überschrei-
ben. Selbst bei Krankheiten trifft diese Erfahrung gelegentlich zu. Ihnen will ich keinen schnellen Sinn zusprechen, zumal es Krankheiten gibt, die schlicht und einfach sinnlos
sind. Doch manchmal lehren sie, was ich sonst nicht verstanden hätte. So ärgere ich mich immer wieder einmal, dass
ich nicht kann, wie ich gern will, sondern mitunter stolpere.
»Wir sagen dazu *Astheniker*«, murmeln die Ärzte bedauernd.
Das werde sich nicht ändern. Ich aber fühle mich durch dieses adelig klingende Wort geehrt. Zu Hause schlage ich im
Fremdwörterbuch nach: asthenisch – *schwächelnd*. Ungefähr das Gegenteil also von *belastbar,* jenem Wort, das spie-
lend leicht in die Hitliste heutiger Tugenden eingedrungen
ist. Aber ich will mich nicht bedauern. Denn die vermeintlichen Schwächen sind mir auch zum Glück geworden. Mir
flüstern sie zu: »Vergiss nie, an dich zu denken. Genieße!« Ich

kann mich nicht ins Arbeiten verbarrikadieren, sondern habe immer wieder den Körper zu strecken, will mich bewegen – und das nicht nur wenig. Ich bin verpflichtet zu Pausen. So bekomme ich geschenkt, was hochrangig besetzte wissenschaftliche Symposien vergeblich herbei zu diskutieren versuchen. Nämlich? Zeit. Ich habe Zeit. Das offenbar ist kaum sonst jemandem vergönnt. Und manchmal scheint mir, ohne das angestrebt zu haben: Ich liege überhaupt gar nicht so weit im Hintertreffen gegenüber all den Anti-Asthenikern, also jenen, die voller Kraft den letzten Rest ihrer Zeit in Berater investieren, mit denen sie dann schon gar nicht mehr so kraftvoll versuchen winzige Zeitinseln anzusteuern.

Aber der Besuch der Hirten, die einen inmitten der Aussichtslosigkeit mit Freude überrumpeln, muss kein Lebensentwurf sein, gar nichts Großes. Er kann sich schon bei einem Kinobesuch ereignen, wenn der Film ausverkauft ist. Was nun? Wir wechseln in den nächstbesten oder doch wohl eher schlechten Film, ich ahne Schlimmes. Der Abend steht auf der Kippe. Da entdecke ich eine wunderbare Geschichte, von der ich ohne die Enttäuschung des ausverkauften Filmes nicht erfahren hätte. Das ist für Maria Weihnachten: Die Vergeblichkeit findet einen neuen Namen. Das in der Dunkelheit geborene Kind ist eine Freude. Diese Botschaft bekommt Maria gebracht, ohne dass sie dafür etwas leisten müsste. Lichtgeschichten beginnen ohnehin meist ohne Ankündigung. Für Maria und Josef ist es völlig überraschend, wie die Hirten zwei bislang getrennte Geschichten ineinanderfügen: die zutiefst klägliche Geburt, die zum Himmel schreit, und die himmlische Engelsbotschaft, die auf der Erde berührbar werden will. Und beide Geschichten umarmen sich.

Damit aber ist die Weihnachtsgeschichte nach Lukas noch nicht zu Ende. Denn die Hirten haben von ihrem Besuch bei der Krippe nicht genug, sie können nicht leise werden. Also starten sie eine Erzähltournee und schwirren um Bethlehem herum. Das Wort, das sie gehört und gesehen haben, *breiten sie aus.* Damit breiteten sie zugleich auch sich selber aus, ließen sich nicht wieder in den Hintergrund drängen. Endlich einmal nahmen sie sich wichtig. Und das waren sie ja auch. Im Dunkeln war ihr Platz gewesen, außerhalb des Rampenlichts. Sie schämten sich ihrer Kleidung und des Tiergeruchs. Jetzt aber breiten sie die Geschichte vom Frieden aus, den sie gesehen haben. *Und alle wunderten sich über das, was ihnen die Hirten gesagt hatten.*

Die Hörer werden sich nicht nur über die Botschaft, sondern auch über die Boten gewundert haben. Es handelte sich schließlich nicht um gewöhnliche Geistliche. Verschwitzt vom Rennen waren sie und außer Atem. Sie hatten keinen Rhetorikkurs belegt, stammten sie doch aus einer Zeit, in der die Wörter *Präsenz* und *Authentizität* noch nicht in den Kernwortschatz der Kirchen eingedrungen waren. Ich weiß nicht, ob ihnen heute überhaupt irgendeine Kirche Predigtrecht gewähren würde. Vielleicht hätten sie als Laien nach diversen Qualifizierungsmaßnahmen die Erlaubnis erringen können, von Theologen zuvor ausgearbeitete Predigten abzulesen? Oder noch nicht mal das? Womöglich hatten sie ihren entscheidenden Auftritt gar nicht vor einer Kamera geübt, um danach in der Gruppe Rückmeldungen, differenzierte Ermunterungen oder schon nicht mehr ganz so differenzierte Kritik auszutauschen. Videoanalysen und Feedbackrunden – so etwas erschien den Hirten in der Heiligen

Nacht lächerlich. Sie sprudelten. Diese allein von der Freude berufenen Redner verhaspelten sich. So erzählten sie auf unverwechselbare und originelle Weise vom Himmel, der sich entschieden hatte, seinen Glanz inmitten des Drecks gleich um die Ecke zu entfalten.

Und ich male mir aus: Was wäre das für ein Fest, wenn die Abseitigen wie die Hirten zu rennen anfingen. Dazu Arbeitslose, die aus Enttäuschung nicht mehr reden können, über die immer nur geredet wird, dazu all jene, die ignoriert werden, weil sie mit Krankheiten zu leben haben, auch jene, die den Tod gesehen haben und nicht im Stil moderner Trauerberater sagen können: »Es war alles in allem eine ganz herrlich friedliche und gewinnbringende Erfahrung.« Und die Einsamen, wie wäre das, wenn auch sie anfingen zu rennen oder meinetwegen zu humpeln, um von ihren überhaupt nicht himmlischen Erlebnissen zu erzählen, die auf den Einbruch des Himmels warten? Weihnachten könnte beginnen, das ewige Verkleiden hörte auf. Mäntel, die die eigenen, nicht besonders glanzvollen Geschichten verstecken, blieben im Schrank. Vor ihrem Tourneestart durch die Straßen Bethlehems hatten sich die Hirten keine Gurkenmaske aufgelegt, die Augenbrauen nicht gezupft. Kein Engelblond hatten sie sich in ihr Haar geknüpft. Ohne jemals ein Engelbuch gelesen zu haben, erzählten sie von Engeln. Noch lieber erzählten sie aber von dem, wovon die Engel gesungen hatten: Ein Kind rettet die Welt. Und nicht irgendeine noch so schöne Verkleidung. Denn das Kind war unbekleidet. Falsch. Es hatte eine Windel an. Und niemand weiß, ob sie im Moment gerade sauber war.

Davon erzählten die Hirten mit immer neuer Lust. Den Weg von Tür zu Tür, den Maria und Josef auf der Suche nach Asyl dahingestolpert waren, schritten sie jetzt mit Begeisterung ab. In jeder Herberge, in der ganzen Verwandtschaft Josefs erzählten sie, dass das abgewiesene Kind nicht zuletzt auch ihnen zur großen Freude werden würde. »Soll euch doch der Himmel ein Dach über dem Kopf geben«, hatten diese zu Josef gesagt und das Paar hinausgebeten. Jetzt erzählten die Hirten: »Die unter freiem Himmel leben, werden euch den Himmel bringen.« Alle wunderten sich. Manche schüttelten den Kopf. Die Rede allerdings war wunderbar – und die Erzähler für eine Nacht wurden nicht stumm. Sie lutschten keine Bonbons, die eine eventuelle Heiserkeit kurieren sollten. Die Hirten hatten auf ihren Weiden lang genug geschwiegen, wie sollten sie da jetzt heiser werden? Sie waren zuvor bereits gerannt, jetzt aber schienen sie zu fliegen. Und jegliche Form von Schüchternheit ließen sie zurück am Boden. So erzählten sie von ihrer Angst, vom Sturm der Freude und von dem Kind, das stärker ist als jeder Kaiser.

Und wieder wunderten sich alle. Die Hirten erzählten die beste Geschichte ihres Lebens. Und was war die Reaktion? Man wunderte sich. Das klingt fast nach einem Misserfolg. Oder ist das Gegenteil gemeint? Wie wäre das etwa, wenn sich Besucher nach einem Gottesdienst sehr wundern würden? Eine eher verpönte Reaktion. Gewöhnlich soll sich nämlich niemand wundern, stattdessen soll alles verstanden werden. Predigtnachgespräche helfen die Sache abzusichern. Gott wird abgepackt, am besten gut handhabbar in einen Satz, den man sich hinter die Ohren schreiben und mit nach Hause nehmen kann. Wer aber die Rede der Hirten damals hörte, wunderte sich, sonst nichts. Gottes Kommen scheint nicht ganz verständlich sein. Wer sich freilich wundert, spürt etwas von Weihnachten, das erzählt, dass die Geschichte mit dem Titel *Es gibt kein Umsonst* jetzt Thronrecht hat. Der Himmel kommt, das Alltägliche wird ins Recht gesetzt. Die Sehnsüchtigen bleiben nicht allein. Das kann staunen lassen. Absagen werden zu Zusagen. Im Weinen beginne ich zu lachen. Und auch wenn ich nicht lache – die Sehnsucht aufs Lachen verschwindet nie, das ist das Geheimnis. Die Nacht wendet sich, das drückende Joch ist zerbrochen, der Mantel, durch Blut geschleift, wird verbrannt. Und die Stiefel der Soldaten, die marschieren, sind ein für alle Mal ausgelatscht. Und erfüllt hat sich, was viele wünschen: Ein Kind ist uns geboren, ein Sohn ist uns gegeben, und die Herrschaft ruht auf seinen Schultern, die ganz winzig sind. Niemandem wird es gelingen, die Sehnsucht umzubringen. Das Kind ist da, es schreit! Und wer in der Stille leben musste, ist aufgewacht. Denn der Schrei des Kindes wird zur Freude, die der Müdigkeit ein Ende macht.

*Maria aber behielt alle diese Worte und bewegte sie in ihrem Herzen.* Sie bewegt sie, weil diese Geschichte nicht abgehakt, registriert und abgeheftet werden kann. Sie überlebt in keinem Ordner, auf keinem Server, sondern im Herzen. Maria sagt kein Wort, bewegt die Worte aber hin und her, sehr intim. Wenn etwas eingängig ist, hat es keine Bewegung nötig, bleibt Kopfsache. Das Geheimnis aber schlüpft ins Herz. Der eigenwillige Glückwunsch der Hirten erinnert an ein Gedicht, das sich bis heute hören lassen kann. Es ist immer gleich und trotzdem immer wieder anders. Es ist wie ein Buch, in das ich mich hineingelesen habe, und bei dem ich unendlich traurig bin, dass es nun bald zu Ende ist und ich die Geschichte verlassen muss. Die frohe Botschaft aber lautet: Was Maria in ihrem Herzen bewegt, hat kein Ende.

# Den Alltag mit neuen Augen sehen
## Der Gesang der Hirten

Die Hirten waren auserwählt, schließlich hatte die Menge der himmlischen Heerscharen ihnen und sonst keinem die himmlische Botschaft angekündigt. Sie

*Und die Hirten kehrten wieder um, priesen Gott und lobten Gott für alles, was sie gehört und gesehen hatten, wie denn zu ihnen gesagt war.* Lukas 2,20

fanden den Retter der Welt, das Kind, tourten einige Stunden durch die Provinz um Bethlehem herum, um dann wieder zurückzukehren. Dabei war das doch ein Stoff für Welttourneen: »Kaiserkind in Krippe. Es treten auf: Die *Bethlehem Singers*, die einzigen, die je gesehen und gehört haben, was sich in der Heiligen Nacht wirklich zugetragen hat.« Die Hirten hätten sich nicht zieren müssen, sondern sagen können: »Wir tun es nicht aus Eitelkeit.« Die Gagen wären für einen guten Zweck gewesen, zum Beispiel für die Kirche. Mit ihren Einnahmen hätten sie ihr unter die Arme greifen können. Womöglich wäre ihnen eine Zusatzausbildung zum Kommunikationswirt abverlangt worden, damit sie nicht nur erzählen und singen, sondern auch wirtschaftlich kommunizieren können. Aber dann: Raus aus der Provinz, um die weite Welt von der weihnachtlichen Kostbarkeit zu unterrichten.

So etwas habe ich tatsächlich einmal erlebt. Es war ein Gottesdienst, in dem die Besucher sehr glückliche Gesichter hatten. Die Beglückung sollte aber nicht in der Provinz bleiben, sondern in die Welt hinaus. Entscheidend dafür war ein Bus. *Gott und der Kleinbus* lautete das eigentliche Thema des Gottesdienstes. Das Fahrzeug sollte in ein fremdes Land verfrachtet werden. »Segen! Segen!«, riefen die Menschen. Damit meinten sie, Gott solle den Bus segnen, der schon bald eine Familie befördern würde. Der Bus wird gleich vor den Altar rollen, um seinen Segen abzuholen, vermutete ich. Auch in Show-Sendungen fahren immer wieder einmal Autos auf die Bühne. Der Bus aber blieb im Hof, der eine Treppe tiefer als der Kirchsaal gelegen war. Das wiederum erfuhr ich, weil die Lage des Kleinbus-Parkplatzes Gott im Gebet präzise beschrieben wurde. Schließlich sollte Gottes Segen das richtige Kraftfahrzeug treffen: »O Lord, segne den Bus!«, hörte ich immer heftiger rufen. »O Lord, segne ihn doch, diesen Bus, der da im Hof steht, segne ihn!«

Nach dem Gottesdienst brach der gesegnete Bus mit der ebenfalls gesegneten Familie in das Land auf, in dem ein Dialekt wohnte, in den die Bibel noch nicht übertragen war. Das Übersetzen sollte der Familienvater besorgen. Bus und Familienvater können sich bei ihrer weiten Reise auf das *Who is Who* der Kirchen berufen. Petrus gelangte bis nach Rom, ohne Familie zwar, trotzdem war das sehr beachtlich. Den Jünger Thomas verschlug es bis nach Indien. Paulus erlitt mehrere Male Schiffbruch, landete in Griechenland und zog dort umher. Martin Luther reiste einige Jahrhunderte später von Wittenberg nach Worms, um von dort aus in der Vogelfreiheit zu landen. Ständig überschritt er Grenzen! Das lag zwar auch an den winzigen Fürstentümern – beachtenswert war das dennoch. Auf der Wartburg begann er die Bibel in einen Dialekt zu übersetzten, den dieses Buch bislang noch nicht kannte. Luther ging zu Fuß oder quälte sich in Kutschen durch die Lande. Inzwischen klettern Missionare in Flugzeuge oder Busse, die zuvor gesegnet werden. Die Hirten aus der Weihnachtsgeschichte aber hatten keinen Bus. Egal! Sie hätten sich ihre Beine segnen lassen können: »O Lord, segne diese unsere Beine, auch das linke Knie, das immer schmerzt.« Und dann heftiger und lauter: »O Lord, unsere Muskeln, segne sie! Dass sie wachsen und du sie pflegest, o Lord, trage du uns in die weite Welt hinaus, den Retter zu verkünden.« Nichts davon geschah, die Hirten rannten einmal rund um Bethlehem, dann war Schluss.

Wie herrlich provinziell, freue ich mich, der ich zu Weltreisen nicht zu taugen scheine. Selbst in den Sprachen, die inzwischen jedes Schulkind können soll, finde ich kaum Trampelpfade. Gerade so und nur in der Geborgenheit von Gruppen habe ich die Grenzen zu Nachbarländern überschritten. Bus fahre ich dafür oft! Nur nicht unbedingt in einem, der gesegnet wird, um die letzten nicht registrierten oder bibellosen Landstriche der Welt mit Glückseligkeit zu überziehen. Flugzeuge sind mir nicht geheuer, vor allem, wenn ich im Wald oder auf Feldern spazieren gehe – und sie dann so sehr donnern, dass ich selbst lautes Blöken von Schafen nicht mehr hören kann.

Trotzdem brachen die Hirten auf. Nur sind sie nicht weit gekommen, was aber auch gar nicht nötig war. Denn sie fanden Weihnachten in ihrer Nähe. Auch ich brach einst auf. Endlich weg von der Schule, freute ich mich: Auf in die Welt!

Ich habe es nicht viel weiter gebracht als die Hirten, die einmal rund um Bethlehem zogen. Schon bald ließ es sich nicht mehr als Zufall deuten: Stets fand ich mich in einer Kleinstadt wieder. Und doch! Jede dieser Städte hatte ein Schloss in ihren Reihen, was ausreichte, um Wochenendausflügler anzuziehen. Das Stigma der Provinz legten die Städte dadurch erst recht nicht ab. Einmal gelang es mir wenigstens, ein ganzes Bundesland zwischen mir und meinem Heimatort zu schieben. »Mein Auslandsaufenthalt«, rühmte ich mich. Was hatte er zur Folge? Ich geriet in ein 500-Seelen-Dorf – zur Beruhigung nach so viel Erfahrung mit einem fernen Bundesland. Aber dann kam ich in die Großstadt. Und hatte den Mut dazu, weil dieser Ort eher einer Ansammlung aus lieblichen Kleinstädten und Dörfern gleicht.

Die Hirten jedenfalls sind mir sympathisch. Sie waren begeistert von Jesus, der es mit seiner Botschaft vom Reich Gottes später auch nicht weit brachte: Zu Fuß war Jesus unterwegs. Dabei waren es die Hirten gewesen, die zuerst von Jesus gehört hatten, lange vor den Größen, die bis heute die Heiligenbücher zieren. Wie nutzen sie ihren grandiosen Vorsprung? Kehren zurück in ihre Heimat. Weit stand die Tür für sie offen, um für sich oder meinetwegen auch für ihren Lord Karriere zu machen. Die Hirten aber wollen einfach nur zurück zu ihren Schafen. Die Weihnachtsgeschichte ist mutig, weil sie ohne Welttournee und *Happy End* schließt. Dabei wäre das vielleicht gerade schön gewesen, wenn sie wie mancher Film geendet hätte: Großer Orgelklang, das Liebespaar steht vor dem Altar und alle sind glücklich. Tränen treten in die Augen, man kann sich kaum dagegen wehren. Die Geschichte endet in Brautweiß. Um genau zu sein und mich auf mein zuletzt gesehenes Happy End zu beziehen: Kurz nach der Trauung stirbt die Braut, was traurig, aber alles noch pathetischer und einzigartig größer macht. Die Liebe kann sich am Alltag nicht reiben. Sie glänzt – und das für alle Ewigkeit. Kein Staubkorn fällt auf das Bild vom Abschiedskuss, der in Farbe über die Leinwand flimmert. Die Weihnachtsgeschichte dagegen ist staubig. Dabei hätte auch sie happy enden können, nämlich: Und alle, vor die die Kunde der Hirten kam, begannen, Gott zu loben und zu preisen. Als das geschehen war, klopften sie den Hirten kräftig auf die Schulter, die einen gut dotierten Vertrag unterschrieben. Fröhlich und laut wurde gebetet: »O Lord, segne den Vertrag! Segne ihn!« Schnell wurden die Hirten ins Taxi gesteckt, ab zum Flughafen, raus in die Welt, um auf den Bühnen ferner Länder vom Jesuskind zu singen.

So war es aber nicht. In der Weihnachtsgeschichte lobt und preist von denen, die die Botschaft der Hirten hören, nicht einer Gott. Sie wunderten sich nur. Und die Hirten kehren in die Dunkelheit zurück, aus der sie aufgebrochen waren. *Sie* allerdings loben jetzt Gott und preisen ihn, was vielleicht das Wunderlichste von allem ist. Sie wechseln nicht den Beruf, sondern machen einfach weiter. Nicht einer der Hirten wird Prediger, niemand ein Profisänger. Selbst ihre weltrekordverdächtige Laufzeit, mit der sie die Strecke zur Krippe zurückgelegt hatten, ist nicht überliefert, kein Zeitnehmer war dabei. Dennoch loben die Hirten Gott. Wieso nur? Es mag daran gelegen haben, dass sich ihnen der Alltag verwandelt zeigte.

Es könnte ähnlich gewesen sein wie die Heimkehr nach einer langen Reise. So erlebte ich es als Kind. Nach vier Wochen

Urlaub trafen wir wieder zu Hause ein. Was vorher manchmal routiniert wirkte, war jetzt wunderbar. Das Zimmer roch nicht neu, dafür aber auf frische Weise vertraut. Gleich ließ ich mich auf das Grün des Teppichs fallen, der das Kinderzimmer zu illuminieren schien. Ich rannte aus dem Haus, in den Wald hinein und prüfte, ob sich etwas verändert hatte, grüßte meine Lieblingsplätze. Dann schwang ich mich aufs Rad und fuhr zum Kiosk, meiner alten, guten Heimat. Da sah ich sie wieder – und doch war es wie beim ersten Mal: In Hunderten von Farben lagen Figuren und Bonbons in Dosen vor den Augen, meinem Mund nicht fern. Und einiges davon war wenige Augenblicke später nicht nur nah, sondern lag auf meiner Zunge. Selbst die Schule zeigte sich verwandelt, als ob sie während der Ferien entschieden hätte, in das anbrechende Schuljahr eine Menge Freundlichkeiten einzuflechten. Ich war zurück im Alltag, der aber nicht alltäglich wirkte.

Noch eindrücklicher kann eine Rückkehr aus dem Krankenhaus sein. Während man dort ist, verwandelt sich das eigentlich normale Leben draußen zu einem Wunderbild, nach dem man sich zu sehnen beginnt und in das man hoffentlich bald schon wieder sinken darf. Dann ist es soweit. Was einst belanglos schien, zeigt sich jetzt als Kostbarkeit. Ich muss nicht mehr in einem fremden Bett schlafen. Und jeder Schritt, die nun wieder vertrauten Handgriffe, jede Tasse Tee, das Brot, das im Krankenhaus nie so schmeckte wie jetzt zu Hause – alles das wird zu einem Fest. Jede Faser des Alltags gerät ins Jubeln und ich spüre, wie es in mir tanzt, weil sich mir etwas geschenkt hat, das den Namen trägt: Reichtum der Gewohnheit.

So singen die Hirten, die nicht aufbrechen, um exotische Landstriche zu entdecken. Auch betreten sie keine Glitzerwelt. Stattdessen beginnt ihr Alltag zu glänzen. Das ist der Zauber von Weihnachten: Der Mensch ist des Lichtes würdig, weil Gott sich der Gewöhnlichkeit zuwendet. Wieso sollten die Hirten immer weiter laufen und den Himmel in der der Ferne suchen? Er ist in ihnen und genau an dem Ort, von dem sie aufgebrochen sind. Dorthin kehren sie von der Krippe zurück. Sie haben noch immer dieselben Kleider an. Und doch sind sie in das Gewand von Engeln geschlüpft. Denn über die Hirten berichtet Lukas, was er in der Weihnachtsgeschichte sonst nur noch von den himmlischen Heerscharen sagt: *Sie loben und preisen Gott.* Die Hirten waren Zuhörer, nun sind sie zu Sängern geworden und damit in das Heer der Engel eingetreten, das den Frieden zum Klingen bringt. Anders als bei den Engeln auf dem Feld wird nach ihrem Preisen allerdings kein einziger der Sänger in den Himmel sausen. Wieso denn auch? Schließlich musiziert der Himmel jetzt auf der Erde.

Später ist in der Bibel von den Hirten nicht mehr die Rede. Man könnte also annehmen, sie haben keine tragende Rolle. Das Gegenteil ist der Fall. Denn sie waren es, die den Retter als Erste sahen. Die Jünger Jesu waren damals womöglich noch nicht einmal geboren oder konnten gerade einmal erste galiläisch-aramäische Brocken brabbeln. Die Hirten jedoch loben bereits Gott. Ob ihr Gesang schön geklungen hat? Ehrlich war er auf alle Fälle, himmlisch und geerdet, wunderbar enthemmt.

Die Nomaden der Nacht bereisten also nicht die Welt, hätten sie dafür aber umarmen können. Sie waren mit sich im Reinen. Der verrückte Lichtglanz des Himmels hatte sie geblendet, aber nicht vernichtet. Sie mussten ihr Leben noch nicht einmal krampfhaft ändern. Sie konnten sich eben nichts Schöneres vorstellen als dort zu bleiben, wo sich die Ewigkeit zwischen Schafen eingenistet hatte. Keiner der Engel hatte von ihnen verlangt, die Bibel in unbekannte Dialekte zu übersetzen. Sie brauchten keine neue Religion zu gründen und wollten auch nicht Glaubensbeste werden. Gerade weil sie die sind, die sie nun mal waren, hatte Gott es auf sie abgesehen. Der himmlische Herrscher scheint eben Gefallen an der Provinz zu haben. Aber warum? Vielleicht weil dort noch nicht alles zugebaut ist. Auf den Weiden kann man freie Blicke in den Himmel wagen, nicht wie dort, wo das Leben künstlich glitzert und stets so festlich und fertig eingerichtet ist.

Alles wollte Kaiser Augustus einrichten – für immer. Die ganze Welt wollte er schätzen, registrieren und in Listen schreiben lassen. Gleich vier Mal tauchte das Wort vom *Einschreiben* am Anfang der Geschichte auf. Dieses Dogma des Augustus soll den Menschen den Atem rauben, sie zu braven Untergebenen machen. Am Ende der Weihnachtserzählung aber ist vom Festschreiben keine Rede mehr, nur noch von der gehörten und geschauten Geschichte, dieser allerschönsten und gänzlich undogmatischen Mitteilungsform Gottes. Das *Schreiben* also hat ein Ende, das *Sagen* allerdings will keines finden. So loben und feiern die Hirten weiter. Denn der guten Mär ist so viel, davon sie singen und sagen wollen. Sie stellen sich nun, kurz vor Ende der Geschichte, an den Bühnenrand. Sie verbeugen sich nicht, sondern tönen immer noch und immer weiter. Das Ende der Geschichte ist also in Wahrheit gar kein Schluss. Das Publikum im Zuschauerraum ist verständlicherweise irritiert, es weiß nicht, wie es sich verhalten soll. Applaudieren? Das ist bei dem nicht enden wollenden Singen vermutlich nicht angebracht. Die Szenerie wird noch merkwürdiger: Die Hirten hüpfen mit einem Mal von der Bühne herunter in den Theatersaal, wo sie noch immer nicht aufhören, Gott zu loben und zu preisen. Und ich, der ich vorzugsweise in sicherer Entfernung von der Bühne sitze, werde nervös. Muss ich nun mitspielen und mich in diese eigenartige Hirten-Polonaise einreihen? Es ist nicht gerade angenehm, wenn bei Theaterstücken Schauspieler mit gierigen Augen jemanden aus dem Publikum zum Mitspielen suchen. Krampfhaft drücke ich mich dann in den Stuhl. Ich will nicht auf die Bühne, ohne dass ich weiß, was dort mit mir geschehen wird. Um solch ein Theaterstück scheint es sich aber nicht zu handeln. Ich muss nämlich gar nicht hinauf, sondern die Hirten kommen von der Bühne herunter zu denen, die bislang Zuschauer und Zuhörer gewesen sind. Sie tun mir nichts, sondern ziehen einfach nur zwischen den Stuhlreihen hindurch, wollen singen wie die Engel. Das ist ihre federleichte Botschaft, die auf befreiende Weise nutzlos ist. Damit klettern sie auf der Karriereleiter nicht nach oben, holen aber den Himmel nach unten.

Ihr Gesang klingt unaufdringlich, nicht eifernd, eher vergnügt und witzig. Jedenfalls lässt sich die Weihnachtsgeschichte kaum noch als Schriftstück bezeichnen. Sie ist längst zu einem zauberhaften, musikalischen Wortgewirr geworden. Laut gelesen entfaltet sie ihre Kraft, also wenn sie gesprochen wird, gerufen, gemurmelt und gesungen. So wird das kaiserliche Dogma des Einschreibens und Festhaltens ausgelacht. Oh! Gerade werden meine Beine vom Fell der Schafe gekitzelt, die mit den Hirten zusammen durch die Reihen hüpfen. Das ist selbstverständlich nicht Gott, der mir da nahe kommt – oder etwa doch? Die Hirten jedenfalls geben von ihm Kunde. Es sind Alltagsboten, die an mir vorüberziehen, auf wunderbare Weise irdisch und vertraut klingt das, zugleich erfrischend eigenartig und fremd. Ich spüre mein Herz pochen – und jetzt, was soll ich sagen, es scheint, ich kann und will nicht anders: Ich werde mit ihnen zusammen singen.

Doch halt! Ich muss mich an dieser Stelle energisch unterbrechen. Fast hätte ich angefangen, mit den Hirten loszusummen. Dabei sitze ich, wir wollen bei den Fakten bleiben, noch immer am Schreibtisch, um die Weihnachtsgeschichte in den heutigen Alltag zu hieven. Ich singe nicht, ich schreibe – noch wenige Seiten, dann ist das Buch beendet. Da kann ein gewissenhafter Autor nicht abrupt aufstehen und dem Computer den Strom entziehen. »Kühlen Kopf bewahren!«, gilt stattdessen als Maxime. »Du bist noch eine abschließende Erklärung schuldig«, ermahne ich mich: »Das Fazit!« Es wird nicht selten von denen erbeten, die immer wieder einmal ins Fragen und Zweifeln kommen. Womöglich fragt auch die geneigte Leserin, der geneigte Leser längst leise oder auch schon heftiger: »Und was ist nun der Sinn von allem?

Was will die Weihnachtsgeschichte letztlich sagen? Und was bringt uns das für heute?«

Große Fragen! Und ich antworte – und aufgepasst, jetzt kommt das Fazit: Wer keine Ruhe gibt, das Fragen nicht beendet und nicht für alle Zeiten alles weiß, der braucht keine Angst zu haben, den Sinn von Weihnachten zu versäumen. Er ist in die Welt dieser Geschichte längst eingetaucht. Sie erzählt davon, dass Kaiser Augustus das Fragen verbieten und die Menschen zum Schweigen bringen wollte, allenfalls zu Plapperern von immer gleichen Sätzen machen wollte.

Wer alles weiß, niemals unzufrieden ist oder staunt, ist der brave Untertan geworden, den Augustus wollte. Die Weihnachtsgeschichte fördert den Ungehorsam. Sie ist kraftvoll, weil sie von Menschen erzählt, die nicht aufhören zu hoffen. So folgen Maria, Josef und die Hirten dem alten Traum, dass sich Augustus überlisten lässt. Das Wunder geschieht: Sie entdecken den Himmel. Gottes Licht findet sich in einem Futtertrog, was nichts anders heißt als: Im Schmerz kommt Himmlisches zur Welt. Eine Wahrheit, die nicht protzt, sondern tröstet, weil sie leise ist. Ihr gelingt es, gewohnte Antworten in Verwirrung zu bringen. So wird für alle jene, die mit ihren Fragen an kein Ende kommen, das Kind in der Krippe zu einem Gefährten. Ich glaube: Nur wer noch nie gelitten hat, weiß immer eine Lösung. Wem das Leben zuweilen übel mitspielt oder unverständlich ist, der darf sich an Jesus halten. In seiner Nähe braucht sich niemand seiner Fragen zu schämen. Denn die Geburt des Retters ist nicht die Antwort auf alle Fragen, sondern tröstet alle die, denen ihr Leben mitunter fraglich ist.

Der Himmel ist nicht dort, wo mit gottgleichem Brimborium Antworten aufgeführt werden. Nein, er entfaltet seinen Glanz detailliert, lässt sich im Irdischen entdecken. Und aus der Vergeblichkeit heraus wächst die Freude, was unfassbar, befreiend und zugleich verwirrend ist: ein Geheimnis. Allenfalls eine Geschichte kann das fassen. Und so beendet der Erzähler Lukas die Weihnachtsgeschichte, ohne zu sagen: Achtung! Jetzt kommt das Fazit. Stattdessen will er ins Staunen führen. Die Erzählung mündet in den Gesang der Hirten, der einen wunderbaren Nachhall hat. Er wird nicht verklingen, weil er den zum Hörer gewordenen Leser lockt, Wunderbares in seinem Leben aufzuspüren – und nicht in einem kühl servierten Fazit.

So höre ich wieder auf mein klopfendes Herz und lausche den Hirten, um mit ihrer Hilfe den Himmel auch in meinem Alltag aufzudecken. Nur wo ist die Krippe denn genau, wo enthüllt sich der Himmel in meinem Leben? Die Hirten raunen mir zu: *Du wirst ihn finden.* Der Himmel – das ist der ungewohnte Blick, ein Aufbruch in den Alltag. Ein Abenteuer, das unter freiem Himmel zu finden ist. Der Gesang der Hirten, der am Ende der Geschichte nicht verklingt, kann in mir tönen. Nur noch wenige Augenblicke, dann stehe ich auf. Das Buch wird beendet sein, die Geschichte aber noch lange nicht. Ich werde den Schreibtisch verlassen, um draußen zu suchen. Der freie Himmel: Er ist doch viel mehr als nur Symbol! Fast kann ich es schon spüren, wie frisch der Wind um meine Nase wehen wird. Lang genug war sie auf den Computerbildschirm gerichtet. »Nirgendwo ist es schöner als auf Sportplätzen.« Das ist vielleicht der wichtigste Satz, den mir mein Vater mitgegeben hat. Es ist ein Weihnachtssatz. Mein

Vater scheint zu den Hirten zu gehören: »Auf Sportplätzen hast du eine Garantie«, sagt er nämlich: »Den freien Blick zum Himmel.« Somit steht fest: Selbst das schönste Kirchendach werde ich niemals mit dem Himmel selbst verwechseln. Auch die Tempel des Sports beäuge ich misstrauisch, die inzwischen fast alle Dächer haben und nie mehr Regen dulden. Was soll etwa ein Waldstadion, das den Blick auf den Wald und die freie Sicht nach oben verbannt? Lieben werde ich diese Arenen nicht, der Himmel ist dort zugebaut. Dorfsportplätze werde ich dagegen suchen. Ich brauche sie, die Luft, die Kälte, die mir in die Zehen kriecht, heftig will ich ins Atmen kommen. Die Wärme soll in meine Lunge finden und ich will den nassen Rasen riechen. Und über mir das große, freie, leichte Dach aus Wolken, mal grau, mal blau, niemals herrscht dort Enge – und alle Kleinlichkeit hat abgedankt.

Den Alltag, der die Kraft besitzt, sich in den Himmel zu verwandeln, entdecke ich auch im Freibad, wenn ich auf der Wiese liege. Alle lassen Anzug und Krawatte im Schrank. Demokratie auf der Liegewiese. Zwischen Bäumen, denen es gelegentlich gefällt, einen Park zu bilden, sehe ich in Richtung Himmel. Und erst im Wasser: Ich lege mich auf den Rücken, blinzle hinauf zur Sonne. Und über das Wasser gleitend kann ich auf die Berge ringsum sehen, die zu mir ins Becken grüßen. Solche Augenblicke sind Aussichtspunkte, von denen aus es sich anders auf die gewöhnlichen Tage schauen lässt. Man ist mittendrin in seiner Welt – trotzdem hat sie sich erfrischend neu gekleidet. Ich bin auf der Erde, aber der Himmel hat mich gestreift. Auch in Wanderkarten sind solche Orte markiert. Es sind Punkte, von denen Strahlen nach draußen dringen. Das sind die Weihnachtssterne – genannt auch Aussichtpunkte. Ihr wahrer Name aber lautet: Unterbrechung. Wohin laufe ich denn nur? Ich darf stehen bleiben, signalisieren sie doch, nun nicht mehr weiterrennen zu müssen. Die Hirten fanden den Himmel gleich um die Ecke. Er ist nah. Es ist die Sehnsucht, der man näher kommt, indem man auch einmal stehen bleibt. Allenfalls gilt es, einige Stufen hinaufsteigen, um den Himmel entdecken zu können.

Wie als Kind, als ich mit meinem Bruder den sogenannten *Daniel* bestieg. Ein Turm, der eine fantastische Aussicht auf eine flache Landschaft bot, die von einem aus dem Himmel gefallenen Meteoriten verursacht worden sein soll. Auf dem *Daniel* lebte ein Türmer in Rente, der seine Wohnung zwischen den Wolken hatte. Trotzdem stand er mit beiden Beinen auf der Erde, sinnbildlich gesprochen. Seine Einrichtung dort oben wirkte alltäglich, fast spartanisch. Er war ein Hirte, der auf seine Weise den Himmel lobte und ihm ein Ständchen sang, indem er außergewöhnliche Ansichtskarten verkaufte. Auf einer Karte war er selbst zu sehen, dazu lehnte neben ihm an der Brüstung – Gerd Müller! Er, der einst Tore schoss wie keiner, herrlich und doch ganz nutzlos. Er brachte es mit seinen Treffern bis nach Amerika. Nur wollten in dem von ihm eröffneten Schnitzelhaus nicht genügend Amerikaner essen, las ich als Junge in der Zeitung. Schon lange lebt er wieder in der Stadt, in deren Stadion er die schönsten Tore schoss – behütet von einem federleichten, durchsichtigen und freien Blick zum Himmel gewährenden Stadiondach. Er ist kein Meistertrainer geworden und auch kein Präsident. Einmal habe ich ihn im Regionalfernsehen gesehen, da nahm er Platz auf einer Bank, als Co-Trainer einer Mannschaft, die nicht sehr weit oben spielt. Die Ansichtskarte, die mein Bruder und ich auf dem Turm gleich mehrfach erwarben, war schwarz-weiß. Was brauchte sie denn Farben? Hinter Türmer und Torjäger war der Himmel weit aufgespannt – und sie beide, die das Ewige im Alltag fanden, lachten.

# Die *Weihnachtsgeschichte* für heute

Es begab sich in diesen Tagen, dass die Ordnungssucht als Kaiser herrschte, dazu die gute Meinung und der Wunsch nach einem immer gleichen Lauf der Dinge. Von diesen Mächten ging das Gebot aus, alle Menschen festzulegen. Denn die Welt sollte übersichtlich werden, stets im gleichen Rhythmus ticken und erstarren. Und das alles geschah zu der Zeit, da die Ordentlichkeit Statthalter und Aufpasser in jedem Winkel hatte. Jeder gehorchte, ein jeder ging zurück in seine Vergangenheit, um die Rollen anzunehmen, denen man doch längst entwachsen schien. Da machte sich auch Josef auf, um den harten Weg in die alte Heimat zu gehen, in die Stadt Davids. Doch seltsam: Der Name *David* klang nicht brav und ordentlich, eher verwegen. Um ihn rankten sich Geschichten und Träume, die versprachen: Aus dem Geschlecht Davids wird einer kommen, der das Joch zerbricht, mit dem die Mächte alle Menschen zähmen wollen.

Und Josef kam in die Stadt Davids, um dem Gebot zu folgen und sich einordnen zu lassen. Der Name David aber wirkte.

Josef kam zusammen mit Maria, die war noch gar nicht seine Frau. Der Unordnung aber noch nicht genug: Denn beide, Maria und auch Josef gingen schwanger mit einer verrückten Hoffnung, die sich niemals registrieren lassen würde. Und als die Zeit kam, dass die Hoffnung nicht mehr aufzuschieben war, kam sie zur Welt. Was zuvor Traum war, wurde Wirklichkeit. Unter den Ordnungsmächten, die jeglichen Aufbruch verbieten wollten, brach Neues an. Und Maria wickelte das Kind, die fleischgewordene Sehnsucht, damit sie nicht erfriere. Denn im Dreck war das Kind gelandet, in der Kälte. Die Hoffnung war geboren, doch sie lag in einem Trog – ausgesetzt zum Futter derer, die gewohnt sind, Träume zu verspeisen.

Nicht weit davon Menschen ohne feste Adresse: Hirten, die arbeiteten des Nachts. Das waren keine Menschen für die Bühne. Lieber bewegten sie sich im Hintergrund. Kundig waren sie der Finsternis, fühlten sich den Tieren verbunden, waren ihnen fast schon ähnlich. Der Engel Gottes aber entdeckte die Hirten in der Dunkelheit. Auf Augenhöhe trat er ihnen gegenüber. Göttlicher Glanz, der schrecklich blendete, hob die Hirten aus dem Hintergrund heraus. Und sie fürchteten sich sehr. Der Engel jedoch, dessen Besuche die Menschen stets panisch machte, hatte genug davon. Er sprach zu den Hirten: Schluss mit der Angst! Denn aufgepasst: Ich verkündige euch Gutes, eine große Freude, die allem Volk widerfahren wird; denn euch ist heute ein Arzt geboren, der keinen Kranken übersieht. Wartezimmer werden dichtgemacht. Wohlriechend ist er, ein Retter, genannt auch Herr, ein Kaiser, doch einer, der nicht registriert, sondern befreien wird. Und geboren ist er in der Stadt Davids, die ein Hort der Träume ist. Und das habt zum Zeichen: Ihr werdet den Kaiser finden in Windeln gewickelt, winzig, in einem Futtertrog für Tiere. Und mit einem Mal waren bei dem Engel Abertausende von Engeln, die Menge der himmlischen Heerscharen. Soldaten, die nicht kämpften, sondern musizierten. Ihr Rufen war köstlicher Gesang, eine Musik, die sich nicht

verwerten ließ – ohne Ziel, die reine Muße. Sie sagten: Klarheit bei Gott im Himmel. Und Friede auf Erden bei den Menschen, die sich von Gott verführen lassen.

Als das überschäumende Fest beendet und der letzte Ton verklungen war, drohte Katerstimmung. Alles war wieder dunkel. Die Hirten aber stotterten, sprachen durcheinander und feuerten sich gegenseitig an: »Wir wollen die Geschichte sehen, von der die Engel sprachen!« Und sie starteten, liefen, irrten, ohne sich dabei zu verirren. Gefunden wurden sie und fanden beide, Maria und Josef, dazu das Kind in der Krippe liegen. Und als sie es gesehen hatten, breiteten sie das Wort aus, das zu ihnen von dem Kind gesagt war. Und nicht einer, der es hörte, zuckte mit den Achseln: »Kenne ich schon längst.« Nicht einer, der die Geschichte zu den Akten legte. Alle wunderten sich. Maria aber behielt diese Worte und hörte nicht auf, sie in ihrem Herzen hin- und herzuwiegen. Die Hirten aber hatten den Himmel entdeckt. In ihren Alltag hatte er sich eingefädelt. Grund genug, um als gefeierte

Missionare durch die Welt zu ziehen. Doch die Hirten kehrten lieber zurück in ihren Alltag, der vertraut war und sich dennoch erfrischend neu gebärdete. Und sie lobten Gott für alles, was sie gehört und gesehen hatten, wie denn zu ihnen gesagt war, und was von nun an nie mehr zum Schweigen kommen würde.

Die Weihnachtsgeschichte Lukas 2,1–20 ist entnommen aus:
Lutherbibel, revidierter Text 1984, durchgesehene Ausgabe,
© 1999 Deutsche Bibelgesellschaft, Stuttgart.